Andreas Neider
DIE EVOLUTION VON GEDÄCHTNIS
UND ERINNERUNG

Andreas Neider

DIE EVOLUTION VON GEDÄCHTNIS UND ERINNERUNG
Lesen in der Akasha-Chronik

Verlag Freies Geistesleben

Frank Teichmann, Christoph Lindenberg und Jörgen Smit,
den Wegbereitern und Inspiratoren,
in Dankbarkeit gewidmet

1. Auflage 2008

Verlag Freies Geistesleben
Landhausstraße 82, 70190 Stuttgart
Internet: www.geistesleben.com

ISBN 978-3-7725-1752-5

© Verlag Freies Geistesleben
& Urachhaus GmbH, Stuttgart
Umschlagvorderseite: Der ägyptische Gott Thot,
Edfu, Horus-Tempel (© iStockphoto)
Satz und Layout: Manfred Christ (www.scrivendi.de)
Umschlaggestaltung: Thomas Neuerer
Druck: Druckhaus Nomos, Sinzheim

INHALT

VORWORT 9

1. EINLEITUNG: WAS HEISST «LESEN IN DER AKASHA-CHRONIK»? 16

   Die Akasha-Chronik im Werk Rudolf Steiners 17   Ein Grundbegriff der Esoterik 19   Kurze Begriffsgeschichte 20   Akasha-Chronik und Esoterikforschung 22

2. «GEDÄCHTNISGESCHICHTE» UND DIE HEUTIGE ESOTERIKFORSCHUNG 24

   Der Gegensatz von Gedächtnis und Geschichte 25   Erinnerung über den Tod hinaus? 27   Reinkarnation als Bestandteil der Geschichte? 29

3. DIE BEDEUTUNG DES REINKARNATIONSGEDANKENS FÜR DIE GESCHICHTSERKENNTNIS 31

   Der Reinkarnationsgedanke bei Lessing 33   Die Idee der Wiederverkörperung bei Rudolf Steiner 36   Wiederverkörperung und Geschichte 39   Warum gibt es keine Erinnerung an frühere Erdenleben? 40

4. WAS IST DIE «AKASHA-CHRONIK»? 41

   Ein überindividuelles Gedächtnis? 41   Das Bewusstsein höherer Wesenheiten 42   Zum Raum wird hier die Zeit 46

5. RUDOLF STEINERS ZUGANG ZUM CHRISTENTUM UND DAS «LESEN IN DER AKASHA-CHRONIK» 49

   Griechenland und die Lehre vom Logos 51   Das «Mysterium von Golgatha» 53   Lessings Religionskritik 54   Die Wirksamkeit Spinozas 56   Philo von Alexandrien – ein Vorläufer um die Zeitenwende 57   Das Johannes-Evangelium 59   Der «Große Hüter der Schwelle» und der Abstieg in die «Höhle» 60   «Lesen in der Akasha-Chronik» und der Weg «nach unten» 63   Akasha-Chronik und Geheimwissenschaft – Fichtes Wissenschaftslehre 64   Zusammenschau 66   Die Überwindung des Todes: Lazarus 67   Die Evangelien als Urkunden aus der Akasha-Chronik 70   Punkt- und Umkreisbewusstsein 71

6. DIE EVOLUTION VON GEDÄCHTNIS UND ERINNERUNG   73

Die phylogenetische Entwicklung   73
Schriftlose und Schriftkulturen 74   Gedächtnis und Autonomie 76   Alte Mythen als kollektive Erinnerungen 77   Gedächtnisentwicklung gleich Medienentwicklung 78   Drei Phasen der Gedächtnisentwicklung 79   Das lokalisierte Gedächtnis 81   Das mythologische Gedächtnis 87   Das biografische Gedächtnis 96   Schrift und Gedächtnis 97   Der Theuth-Mythos von der Erfindung der Schrift 100   Zusammenschau 105

Die ontogenetische Entwicklung   107
Das biogenetische Grundgesetz 107   Gehirnentwicklung 108   Autonomiebildung auch in der Gehirnentwicklung 112   Die Entwicklungsstufen des kleinen Kindes 114   Die Entwicklung des autobiografischen Gedächtnisses 118   Zusammenschau 122

7. PLATON UND HOMER – DAS SCHRIFTGEDÄCHTNIS ALS GRUNDLAGE DER ICH-ENTWICKLUNG   123

Platon   123
Atlantis 124   Was will uns der Atlantis-Mythos sagen? 134   Der Sinn der platonischen Mythen 139   Hat der Atlantis-Mythos einen historischen Kern? 140   Rudolf Steiners Perspektive auf Atlantis 142   Mnemosyne 143

Homer   146
Homers Gedächtnis 147   Der Wandel des Gedächtnisses in der Ilias und der Odyssee 150   Zusammenschau 152

8. DIE ERWEITERUNG DES GEDÄCHTNISSES UND DIE ZWEI WEGE DER SCHULUNG   154

Denken und Wollen – Punkt und Umkreis 156   Umkreisbewusstsein 159   Intuition – der Scheitelpunkt 162   Anthroposophie – der Weg «nach unten» 165   Karmaübungen 167   Zusammenschau 168

9. DIE ERWEITERUNG DES GEDÄCHTNISSES ALS WIRKUNG DES CHRISTUSIMPULSES 169

Das Opfer am Jordan 170   Die Vorstufen des Opfers 173   Das zukünftige Gedächtnis 176   Die Gefahr 177

10. AUSBLICK: DIE CHAOTISIERUNG DER ERINNERUNGSFÄHIGKEIT UND DIE ENTWICKLUNG DER MEDIEN 179

Die Digitalisierung des Gedächtnisses 180   Das Verschwinden der Individualität 180   «Mein Speicherplatz gehört mir!» 181   Das Gegenbild 182

NACHWORT 184

ANMERKUNGEN 186

LITERATURVERZEICHNIS 199

PERSONENREGISTER 203

«Es bewegt im Ich sich aller Vorzeiten Sein.»
   Rudolf Steiner

VORWORT

Unser Gedächtnis und die Fähigkeit der Erinnerung sind – abgesehen von unserem Gewissen – das Persönlichste, das Individuellste, was wir an Bewusstseinsleistungen hervorbringen können. Unsere Identität hängt ganz entscheidend davon ab, dass wir uns an etwas, das wir selbst erlebt haben, erinnern können – nur dadurch wissen wir von uns, nur dadurch erleben wir uns als jemand, der eine eigene Biografie, eine eigene Geschichte, eine eigene Identität besitzt.

Können Gedächtnis und Erinnerung dann aber überpersönlich oder kollektiv sein, kann man sich an etwas erinnern, was man selbst gar nicht erlebt hat? Gibt es so etwas wie ein kollektives Gedächtnis der Menschheit, in das man wie in das eigene Gedächtnis hineinschauen kann?

Um diese Frage wird es unter anderem in diesem Buch gehen. Dabei werden wir uns einerseits mit dem beschäftigen, was der Begründer der Anthroposophie, *Rudolf Steiner* (1861–1925), die «Akasha-Chronik» nennt, andererseits mit dem, was die historische Forschung und insbesondere die Esoterikforschung als das «kulturelle Gedächtnis» und die «Gedächtnisgeschichte» bezeichnet.

Wenn Steiner vom «Lesen in der Akasha-Chronik» spricht, dann meint er damit das Lesen in einer Art von Evolutions- oder Menschheitsgedächtnis, in dem alle Ereignisse von Beginn der Menschheitsentwicklung an verzeichnet sind. Die Esoterikforschung spricht in diesem Zusammenhang, weil sich das «Lesen in der Akasha-Chronik» ohne jegliche Zuhilfenahme äußerer, dokumentierbarer Quellen vollzieht, von einer «Konstruktion von Tradition».[1] Lässt sich Rudolf Steiners Bezugnahme auf die sogenannte «Akasha-Chronik» aber auch anders begründen, nicht als eine subjektive Konstruktion, sondern als ein objektives Geschehen, das die Fähigkeit der Erinnerung so erweitert, dass sie das kollektive Gedächtnis der Menschheit erfassen kann? Gibt es ein solches kollektives Menschheitsgedächtnis überhaupt? Und wenn ja, wie kann dieses erinnerbar werden?

Dies sind einige der Fragen, mit denen wir uns in diesem Buch beschäftigen werden. Ihre Beantwortung soll uns einerseits ein Stück Bewusstseinsgeschichte verständlich machen, insofern wir nach der Evolution von Gedächtnis und Erinnerung fragen. Andererseits soll aber auch deutlich werden, inwiefern das «Lesen in der Akasha-Chronik» nicht etwa eine Form «reiner Esoterik» darstellt, die mit wissenschaftlicher Empirie unvereinbar wäre, sondern eine Form von Erfahrungswissen, die sich sehr wohl auch wissenschaftlich nachvollziehen und verstehen lässt, auch wenn sie nicht aus der eigenen Erfahrung gewonnen ist.

Unmittelbar erfahrbar aber sind andere Formen von Wissenschaft wie etwa die höhere Mathematik ebenfalls nicht. Auch hier bewegen sich wenige, dafür begabte und ausgebildete Wissenschaftler in höchsten Höhen, die für den Normalsterblichen, selbst wenn er ein akademisches Studium absolviert hat, kaum erreichbar sind. Dennoch sieht jedermann ein, dass die höhere Mathematik eine Wissenschaft ist, weil er zumindest ihre einfachen Grundlagen selber verstehen und durchdringen kann. Ähnlich verhält es sich mit dem «Lesen in der Akasha-Chronik». Das zu zeigen soll ein Hauptanliegen dieses Buches sein.

In unserer Darstellung soll also nicht aus eigener geistiger Anschauung über das «Lesen in der Akasha-Chronik» gesprochen werden. Ihre Methode besteht darin, dass Gedankengänge in sich schlüssig und für jeden nachvollziehbar dargestellt werden. Diese Gedankengänge sollen das durch Rudolf Steiner Vermittelte mindestens plausibel oder, um es mit seinen Worten zu sagen, dem «gesunden Menschenverstand» zugänglich machen. Durch die Darstellung der Evolution von Gedächtnis und Erinnerung wird das «Lesen in der Akasha-Chronik» außerdem erstmals in einen größeren entwicklungsgeschichtlichen Zusammenhang gestellt, aus dem heraus es auch menschheitsgeschichtlich in einem neuen Licht erscheinen kann.

Dabei wird vielleicht mancher Leser eine gewisse Ausführlichkeit, die dem Thema durchaus angemessen wäre, vermissen. Mir erschien es jedoch wichtig, bei der Darstellung nicht in die Breite zu gehen, sondern mich zunächst auf einige mir wichtig erscheinende, wesentliche Punkte zu beschränken, sodass das große Thema der Evolution von Gedächtnis und Erinnerung hier nur in Umrissen, gewissermaßen skizzenhaft-essayistisch sichtbar wird. Ich bin mir aber sicher, dass dieser Umriss dem Leser genügend Anregungen für eine vertiefende Beschäftigung mit der Thematik geben wird. Auch war es mir wichtig, dass diese Darstellung möglichst zeitnah zu dem von mir kurz zuvor herausgegebenen Auswahlband mit Texten Rudolf Steiners zur selben Thematik erscheinen kann, um diesen durch die hier in größerem Umfang mögliche eigene Darstellung des Themas zu ergänzen.[2]

Zum besseren Verständnis der doch nicht ganz einfachen Thematik soll zuerst eine eher begriffliche Erläuterung des «Lesens in der Akasha-Chronik» gegeben werden. Anschließend wird dieser Vorgang aus der Esoterik Rudolf Steiners in den Kontext der gegenwärtigen Esoterikforschung gerückt und in Beziehung gesetzt zu dem, was der Ägyptologe und Esoterikforscher *Jan Assmann* «Gedächtnisgeschichte» genannt hat. Daran anknüpfend soll das Geschichtsverständnis, das dem Begriff der «Gedächtnisgeschichte» zugrunde liegt, durch die *Idee der Reinkarnation* erweitert werden, weil Geschichte und mithin auch Gedächtnisgeschichte dadurch erst wirklich verständlich und mit neuem Sinn erfüllt werden kann.

Im darauffolgenden Kapitel wird versucht, nicht nur das «Lesen in der Akasha-Chronik», sondern die Substanzialität, die Beschaffenheit der Akasha-Chronik selbst verständlich zu machen. So gerüstet soll dann ein Blick auf die Erforschung der Akasha-Chronik im Werk Rudolf Steiners geworfen werden, wobei die Frage nach der Bedeutung des Christentums für ihn und sein Werk eine zentrale Rolle spielen wird. Dabei wird sich zeigen, dass Rudolf Steiners Zugang zum Christentum, der letztlich der Schlüssel für das «Lesen in der Akasha-Chronik» war, deutlich in der Tradition des von *Gotthold Ephraim Lessing* begonnenen Projekts der Aufklärung steht und dieses in gewisser Weise zu einem Abschluss und Höhepunkt bringt, indem er die von Lessing ergriffene Idee der Wiederverkörperung mit dessen Bestreben nach einem von äußeren Dokumenten unabhängigen Zugang zum Christentum in eins zusammenführt und zu einer Erfahrungstatsache macht.

Mit diesen Voraussetzungen kann nun das zentrale Thema der Evolution von Gedächtnis und Erinnerung angegangen werden. Hier wird deutlich, dass die Entwicklung unseres Bewusstseins und mithin auch die Erkenntnis der Geschichte aufs Engste verbunden sind mit der Entwicklung unseres Gedächtnisses und der Art unserer Erinnerung. Es wird sich zeigen, dass beides im Laufe der Geschichte große Veränderungen durchgemacht hat und weiterhin durchmachen wird. Dabei wird nicht nur auf die Phylogenese, also die menschheitliche Entwicklung, geschaut, sondern auch ein Blick auf die Ontogenese, also die individuell-menschliche Entwicklung, anhand der neuesten entwicklungspsychologischen Forschungen geworfen, weil sich daraus die Übereinstimmung beider Entwicklungen ablesen lässt.

Dem folgt ein Kapitel zum Verständnis der Evolution von Gedächtnis und Erinnerung im Werk *Platons,* besonders in seinem *Atlantis-Mythos,* der im Hinblick auf unser Thema von zentraler Bedeutung ist. In einer neuartigen Interpretation erscheint die Erzählung von Atlantis als die erste, klassische Beschreibung der Evolution von Gedächtnis und Erinnerung. Außerdem wird dabei auch die Bedeutung der alten Mythen als Bestandteile des früheren kulturellen Gedächtnisses der Menschheit und die herausragende Bedeutung *Homers* in der Evolution von Gedächtnis und Erinnerung deutlich.

Die abschließenden Kapitel sind der Frage nach der heutigen Weiterentwicklung von Gedächtnis und Erinnerung im Hinblick auf die Möglichkeit der Reinkarnationserfahrung auf Grundlage einer bewussten Schulung sowie der Bedeutung des von Rudolf Steiner so genannten «Christus-Impulses» für diese Schulung gewidmet. Dadurch soll das am Anfang bereits dargestellte «Lesen in der Akasha-Chronik» auch erkenntnismethodisch noch genauer verständlich gemacht werden.

Dem wird sich ein Ausblick auf die Gefahr einer Degeneration von Gedächtnis und Erinnerung insbesondere durch das Medium des Internets anschließen. Dabei soll auch deutlich werden, dass die Geschichte der Evolution von Gedächtnis und Erinnerung – und das war bereits eine Einsicht Platons – zugleich eine Geschichte der Medien ist.

Die Darstellung wendet sich zunächst an Leser, die mit der Geisteswissenschaft Rudolf Steiners in Grundzügen vertraut sind und sich für das weitergehende Verständnis, aber auch die Weiterentwicklung derselben vor allem im Bereich der Geschichtserkenntnis interessieren. Für mit der Anthroposophie noch nicht vertraute Leser kann die Beschäftigung mit den hier vorgebrachten Fragen aber durchaus ein interessanter Einstieg in das Studium dieser Geisteswissenschaft sein. Denn die hier behandelte Thematik der Evolution von Gedächtnis und Erinnerung und des «Lesens in der Akasha-Chronik» bildet – auch wenn sie in der hier vorgebrachten Form in der anthroposophischen Literatur von wenigen Ausnahmen[3] abgesehen noch nie behandelt worden ist – einen sich durch das Gesamtwerk Rudolf Steiners hindurchziehenden roten Faden, der nicht nur bei der Entwicklung desselben von 1902 an eine wesentliche Rolle spielte, sondern auch im späteren Vortragswerk, in dem das Thema der Evolution von Gedächtnis und Erinnerung zum Beispiel während der Weihnachtstagung 1923 zur Neubegründung der Anthroposophischen Gesellschaft im Zentrum der Betrachtungen steht.

Bei der weitergehenden Beschäftigung mit diesem Thema erschließen sich – und das halte ich persönlich für eines der wichtigsten Ergebnisse dieser Arbeit – geistes- und ideengeschichtlich neue Zusammenhänge, durch die das hier behandelte «Lesen in der Akasha-Chronik», wie es im Werk Rudolf Steiners erscheint, in ein völlig neues Licht getaucht wird. So bleibt zu hoffen, dass aus dieser Gesamtdarstellung heraus die Bedeutung des Verständnisses der Evolution von Gedächtnis und Erinnerung nicht nur für die Beschäftigung mit einem zentralen Thema der Esoterik Rudolf Steiners, dem «Lesen in der Akasha-Chronik», sondern auch für das Verständnis der Entwicklungsgeschichte der Menschheit und damit letztlich auch für die Geschichtswissenschaft deutlich wird. Insofern kann die vorliegende Arbeit nicht nur als ein geschichtsphilosophischer Beitrag zur anthroposophischen Geisteswissenschaft, sondern auch als ein anthroposophischer Beitrag zur Geschichtsphilosophie und zugleich zu einer noch jungen Disziplin der Geschichtswissenschaft, der heutigen Esoterikforschung, betrachtet werden.

Bedanken möchte ich mich bei *Johannes Kiersch* für den Hinweis auf die erste Konferenz der Esoterikforschung in Tübingen im Juli 2007, deren Besuch mir den Anlass zu diesem Buch gegeben hat, sowie bei *Brigitte Teichmann* für das fortwährende und fördernde Interesse an dieser Arbeit und die Möglichkeit, mich mit ihr über das Thema auszutauschen. *Lieven Moerman* verdanke ich das Verständnis für das Verhältnis von Tod und Initiation und *Eckart Förster* wichtige Hinweise auf *Spinoza,* auf den Zusammenhang von *Fichtes Wissenschaftslehre* mit der *Geheimwissenschaft Rudolf Steiners* sowie auf das Motto dieses Buches. Bei meinem Freund und Verleger *Jean-Claude Lin* möchte ich mich für die Risikobereitschaft und sein Vertrauen bedanken, das Buch, noch bevor es geschrieben war, in sein Verlagsprogramm aufzunehmen, und schließlich bei meiner Lebensgefährtin *Laurence Godard* für die treue Unterstützung bei der täglichen, mitunter mühsamen Arbeit.

Andreas Neider
Weil im Schönbuch, Johanni 2008

1. EINLEITUNG: WAS HEISST «LESEN IN DER AKASHA-CHRONIK»?

Bevor wir uns der Evolution von Gedächtnis und Erinnerung zuwenden, wollen wir kurz umreißen, was mit dem «Lesen in der Akasha-Chronik» gemeint ist.

Rudolf Steiner selbst hat sich zur Methodik dessen, was er als das «Lesen in der Akasha-Chronik» bezeichnet hat, systematisch nie ausführlich geäußert. In seinen Schriften finden sich entsprechende Hinweise nur in sehr wenigen Absätzen seines gleichnamigen Werkes *Aus der Akasha-Chronik* aus dem Jahre 1904, das zudem zu Lebzeiten nur in Aufsatzform erschien. In seinem diesbezüglichen Hauptwerk, der *Geheimwissenschaft im Umriss*, das 1909 veröffentlicht wurde, wird zwar inhaltlich am umfangreichsten aus der Akasha-Chronik berichtet, zur Methodik der Erforschung derselben finden sich aber auch hier nur wenige Absätze. In seinem umfangreichen Vortragswerk hingegen hat er sich immer wieder zu dieser Methodik geäußert. Aber auch hier findet sich keine systematisch zusammenhängende Darstellung. Dennoch ergibt eine Zusammenschau all dieser Äußerungen eine gute Grundlage für den Versuch einer systematischen Darstellung dieses Themas.[4]

Entsprechend dieser Ausgangslage hat sich die anthroposophische Sekundärliteratur mit dieser Thematik praktisch nie beschäftigt. Es wurde in der Regel davon ausgegangen, dass Rudolf Steiner über hoch entwickelte übersinnliche Fähigkeiten verfügte, deren Ergebnisse man methodisch nicht weiter zu hinterfragen wagte. Das mag auch damit zusammenhängen, dass man sich den Schulungsweg der übersinnlichen Erkenntnisse, wie ihn Rudolf Steiner immer wieder dargestellt hat, als eine Art von Himmelsleiter vorgestellt hat, die von unseren auf das Sinnliche bezogenen Erkenntnisfähigkeiten immer weiter «nach oben» führt. In einem späteren Kapitel dieses Buches soll deutlich werden, dass das Bild einer «Himmelsleiter» überhaupt nicht den Darstellungen Rudolf Steiners in Bezug auf den Erkenntnisweg des Eingeweihten entspricht. Der sogenannte «rosenkreuzerische Einweihungsweg», der sieben Stufen umfasst, lässt sich vielmehr im Bilde eines Aufstiegs bis zu einem Scheitelpunkt, von dem aus wieder ein Abstieg bis ins Irdische hinunter erfolgt, erfassen. Als Urbild mag man hier die Schilderung der Einweihung im platonischen Höhlengleichnis nehmen, wo nach dem Aufstieg aus der Höhle bis hin zur Schau der Sonne auch wieder ein Abstieg zurück in die Höhle erfolgt.[5]

Unter diesen Voraussetzungen soll im Folgenden der Versuch unternommen werden, den Weg der Erkenntnis Rudolf Steiners zum «Lesen in der Akasha-Chronik» systematisch nachzuvollziehen. Dabei wird die Frage nach der Evolution von Gedächtnis und Erinnerung im Zentrum stehen, denn erst wenn man sich dieser Thematik verstehend zuwendet, wird auch das «Lesen in der Akasha-Chronik» wirklich verständlich.

Die Akasha-Chronik im Werk Rudolf Steiners

Rudolf Steiners geisteswissenschaftliche Forschung beruht zum großen Teil auf Aussagen über historische Zusammenhänge, die wir durch äußere Dokumente nur selten oder gar nicht überprüfen können, etwa wenn er von der alten *Atlantis* spricht. Um davon einen Eindruck zu vermitteln, nachfolgend ein kurzes Beispiel:

«Unsere atlantischen Vorfahren waren mehr verschieden von den gegenwärtigen Menschen als sich derjenige vorstellt, der mit seinen Erkenntnissen sich ganz auf die Sinneswelt beschränkt. Nicht nur auf das äußere Aussehen erstreckt sich diese Verschiedenheit, sondern auch auf die geistigen Fähigkeiten. Ihre Erkenntnisse und auch ihre technischen Künste, ihre ganze Kultur war anders, als das ist, was heute beobachtet werden kann. Gehen wir in die ersten Zeiten der atlantischen Menschheit zurück, so finden wir eine von der unsrigen ganz verschiedene Geistesfähigkeit. Der logische Verstand, die rechnerische Kombination, auf denen alles beruht, was heute hervorgebracht wird, fehlten den ersten Atlantiern ganz. Dafür hatten sie ein hoch entwickeltes *Gedächtnis*. Dieses Gedächtnis war eine ihrer hervorstechendsten Eigenschaften.»[6]

Seine gesamte Sicht der Evolution des Menschen beruht letztlich auf solchen, durch äußere Nachforschungen nicht zu überprüfenden Aussagen, die in dem zitierten Beispiel auch für unser Thema der Evolution von Gedächtnis und Erinnerung von großer Bedeutung sind und die sich nicht auf äußere Gegebenheiten, sondern ganz auf die seelisch-geistige Seite der Evolution konzentrieren.

In der Einleitung des 1902 erschienenen Buchs *Das Christentum als mystische Tatsache* heißt es zu dieser Art von Aussagen:

«Es ist also doch wahr: Derjenige, welcher die Wesenheit des Geistes untersucht, kann von der Naturwissenschaft nur lernen. Er braucht es nur wirklich so zu machen, wie sie es macht. Er darf sich nur nicht täuschen lassen durch das, was ihm einzelne Vertreter der Naturwissenschaft vorschreiben wollen. Er soll forschen im geistigen Gebiete wie sie im physischen; aber er braucht die Meinungen nicht zu übernehmen, welche sie, getrübt durch ihr Denken über rein Physisches, von der geistigen Welt vorstellen.

Man handelt nur im Sinne der Naturwissenschaft, wenn man den geistigen Werdegang des Menschen ebenso unbefangen betrachtet, wie der Naturforscher die sinnliche Welt beobachtet. Man wird dann allerdings auf dem Gebiete des Geisteslebens zu einer Betrachtungsart geführt, die sich von der bloß naturwissenschaftlichen ebenso unterscheidet wie die geologische von der bloß physikalischen, die Untersuchung der Lebensentwicklung von der Erforschung der bloßen chemischen Gesetze.»[7]

Das hier erwähnte geistige Forschungsgebiet nannte Rudolf Steiner in den auf das zitierte Werk folgenden Aufsätzen erstmals die «Akasha-Chronik»:

«Aber alles, was in der Zeit entsteht, hat seinen Ursprung im Ewigen. Nur ist das Ewige der sinnlichen Wahrnehmung nicht zugänglich. Aber dem Menschen sind die Wege offen zur Wahrnehmung des Ewigen. Er kann die in ihm schlummernden Kräfte so ausbilden, dass er dieses Ewige zu erkennen vermag. In den Aufsätzen über die Frage: ‹Wie erlangt man Erkenntnisse der höheren Welten?› [...] wird auf diese Ausbildung hingewiesen. In ihrem Verlaufe werden diese Aufsätze auch zeigen, dass der Mensch auf einer gewissen hohen Stufe seiner Erkenntnisfähigkeit auch zu den ewigen Ursprüngen der zeitlich vergänglichen Dinge dringen kann. Erweitert der Mensch auf diese Art sein Erkenntnisvermögen, dann ist er behufs Erkenntnis der Vergangenheit nicht mehr auf die äußeren Zeugnisse angewiesen. Dann vermag er zu *schauen*, was an den Ereignissen nicht sinnlich wahrnehmbar ist, was keine Zeit von ihnen zerstören kann. Von der vergänglichen Geschichte dringt er zu einer unvergänglichen vor. Diese Geschichte ist allerdings mit andern Buchstaben geschrieben als die gewöhnliche. Sie wird in der Gnosis, in der Theosophie die ‹Akasha-Chronik› genannt.»[8]

Ein Grundbegriff der Esoterik

Das «Lesen in der Akasha-Chronik» hängt mit der Esoterik im Werk Rudolf Steiners aufs Engste zusammen. Esoterik beruht in seinem Sinne auf der «unvergänglichen Geschichte» und der Erforschung derselben.

Von dem Moment an, von dem Rudolf Steiner über Esoterik zu sprechen und zu schreiben beginnt, also etwa ab 1901/02, beruft er sich auf diese «unvergängliche Geschichte». In der Zeit, als er seine philosophischen und erkenntnistheoretischen Schriften wie *Wahrheit und Wissenschaft*, *Die Philosophie der Freiheit* und seine Goethe-Arbeiten verfasste, erscheint diese Dimension in seinen Werken noch nicht, wenn man einmal von dem mehr philosophisch gehaltenen Rückblick auf die Geschichte des Platonismus in dem 1897 erschienenen Buch *Goethes Weltanschauung* absieht.

Im Winter 1900/01 beginnt Steiner mit Vorträgen über die Mystik, die kurz darauf als Buch unter dem Titel *Die Mystik im Aufgange des neuzeitlichen Geisteslebens* erscheinen. Darin bezieht er sich aber noch weitgehend auf die veröffentlichten Schriften der deutschen Mystik des Mittelalters und der beginnenden Neuzeit. Erst mit den Vorträgen im Winter 1901/02, die er dann in dem Buch *Das Christentum als mystische Tatsache* 1902 erscheinen lässt, stoßen wir auf die Erforschung der «unvergänglichen Geschichte» unabhängig von äußeren Dokumenten: die «Erforschung des Geistes». Sie ist für ihn identisch mit geistiger Erforschung der Geschichte, später dann auch prähistorischer Zeiträume.

Das erste geschichtliche Forschungsgebiet, das sich Rudolf Steiner auf diese Weise erschlossen hat, ist die Geschichte des Christentums. Steiners Zugang zum Christentum war, wie er es selbst nannte, ein «mystischer», denn er stützte sich bei dessen Erforschung eben nicht auf die überlieferten und durch die «Leben-Jesu-Forschung» weitestgehend kritisch hinterfragten Dokumente, insbesondere die Evangelien, sondern eben auf jene Erforschung der «Akasha-Chronik». Warum das erste Forschungsgebiet des «Lesens in der Akasha-Chronik» bei Rudolf Steiner die Geschichte des Christentums war, wird uns im fünften Kapitel noch beschäftigen.

Kurze Begriffsgeschichte

Ein paar Worte noch zur Geschichte des Ausdrucks «Akasha-Chronik». Rudolf Steiner benutzte diese Bezeichnung in Anlehnung an die theosophische Tradition und den indischen Ausdruck des «Akasha». Dieser stammt aus dem Sanskrit und bedeutet Himmel, Raum oder Äther. In der hinduistischen Philosophie und im Ayurveda bezeichnet Akasha neben Prithvi, Vayu, Agni und Jalam eine der fünf Ätherformen, die wiederum Teil der fünf groben Elemente Erde, Luft, Feuer, Wasser und Äther sind. In der theosophischen Literatur des 19. Jahrhunderts, etwa in *H. P. Blavatskys* (1831–1891) *Isis entschleiert,* taucht zwar der Begriff des Akasha auf, wird hier aber undifferenziert für «Lebensenergie» und Ähnliches verwendet. Im Vorwort zur theosophischen Schrift *Legends of Atlantis and lost Lemuria* von *William Scott-Elliot* spricht einer der führenden Theosophen seiner Zeit, *A. P. Sinnett,* von einem «memory of nature», das durch «clairvoyance» einsehbar sei.[9] Eine systematische Erläuterung dessen, was Steiner dann als das «Lesen in der Akasha-Chronik» bezeichnet, ist mir aus theosophischen Zusammenhängen jedoch nicht bekannt.[10]

In der jüdisch-christlichen Tradition hat der indische Ausdruck «Akasha-Chronik» seine Entsprechung in den Bezeichnungen «himmlisches Buch» oder «Buch des Lebens».[11] Allerdings hat die Vorstellung einer übersinnlichen Chronik hier eine andere Dimension. Die seit der babylonischen Zeit verbreitete Anschauung eines himmlischen Buchs, einer Art «himmlischer Buchführung» bestand nämlich darin, dass die irdischen Ereignisse bereits im Voraus in diesem himmlischen Buch von den Göttern aufgezeichnet seien und dass die irdische Geschichte folglich nur ein Abbild der bereits im Himmel aufgeschriebenen Geschichte sei. Hier kommen ähnliche Vorstellungen, wie sie in der gleichzeitig sich ausbildenden Astrologie vorherrschen, zum Tragen, das heißt der Glaube an die vollkommene Vorherbestimmung alles Irdischen durch ein Göttliches.

Diese Abhängigkeit der irdischen Geschichte von einer göttlichen Vorsehung ist aber in der hier zur Rede stehenden Anschauung, die sich mit dem Ausdruck «Akasha-Chronik» verbindet, nicht gegeben. Denn hier kommen die «Eintragungen» in dieser Chronik erst durch das Handeln der Menschen zustande, und es geht nur um die Frage, wie sie dort «aufbewahrt» und dann auch «gelesen» werden können. Speziell im jüdischen Bereich, besonders des Alten Testaments, ist die Vorstellung vom «Buch des Lebens» oder auch «Buch der Werke» und an einer Stelle vom «Gedächtnisbuch» verbreitet. Dabei geht es um die Aufzeichnungen des Gottes *Jahwe*, die dieser beim himmlischen Gericht zur Bewertung der Seelen verwendet, also um eine Art Strafregister.[12] Ähnliche Vorstellungen gab es im alten Ägypten im Zusammenhang mit dem Totengericht. Hier war der Gott *Thot* oder *Theuth* für die Aufzeichnungen verantwortlich. Aber auch hierin ist kein deutlicher Bezug zu der von uns befragten Vorstellung der «Akasha-Chronik» zu sehen.[13]

Akasha-Chronik und Esoterikforschung

In der heutigen Geschichtswissenschaft ist die esoterische Auffassung einer «unvergänglichen Geschichte» inzwischen zu einem wichtigen Forschungsgegenstand geworden. Die akademische Esoterikforschung hat die Tatsache anerkannt, dass ein großer Teil esoterischer Tradition auf Aussagen beruht, die sich durch keinerlei Dokumente beweisen lassen.[14] Anders als die akademische Forschung bis zur Mitte des 20. Jahrhunderts aber, begann die Esoterikforschung etwa in den 1970er-Jahren damit, die esoterischen Traditionen des Westens als wesentlichen Faktor für die Kulturgeschichte des Abendlandes zu begreifen. Der Esoterikforscher *Kocku von Stuckrad* schreibt dazu: «Bis in die 1950er-Jahre hinein wurde die Esoterikforschung von Wissenschaftlern betrieben, die sich auf Mystik und Gnosis spezialisiert hatten und diese religiösen Traditionen als Gegenentwurf zu den Schriftreligionen Judentum, Christentum und Islam präsentierten (darunter *Gershom Scholem*,

Mircea Eliade, Martin Buber und *Carl Gustav Jung)*. Nicht selten waren diese Forscher selbst Teil einer Gegenbewegung zur aufklärerischen ‹Entzauberung der Welt›. Einen entscheidenden Schub bekam die Esoterikforschung in den 1960er-Jahren durch die Arbeiten von *Frances A. Yates* (1899–1981).»[15] Von Stuckrad macht anschließend deutlich, wie entscheidend die Entdeckung von Yates in ihrem Buch *Giordano Bruno and the hermetic tradition* (1964) war, dass die neuzeitliche Wissenschaft ohne den Hermetismus der Renaissance gar nicht möglich gewesen wäre. Ihr folgten dann in den 80er-Jahren der Franzose *Antoine Faivre* und von der Seite der Erforschung der antiken Religionen, besonders des alten Ägyptens, der bereits erwähnte Ägyptologe *Jan Assmann*. Auf das von ihm so genannte «kulturelle Gedächtnis» wollen wir nachfolgend zu sprechen kommen, denn hier ergeben sich interessante Bezüge im Hinblick auf die von Steiner geltend gemachte Grundlage esoterischer Tradition, die Akasha-Chronik.

2. «GEDÄCHTNISGESCHICHTE» UND DIE HEUTIGE ESOTERIKFORSCHUNG

Als «Gedächtnisgeschichte» wird eine Auffassung von Geschichte bezeichnet, die für eine Gruppe von Menschen kulturbestimmend wirksam ist, ohne mit äußeren, «objektiven» historischen Dokumenten belegbar zu sein. Nehmen wir ein Beispiel, das Jan Assmann in seinem Buch *Moses der Ägypter* zum Thema gemacht hat.[16] In der Religionsgeschichte taucht die Unterscheidung zwischen «wahrer» und «falscher» Religion erstmals im Zusammenhang mit dem Namen *Moses* auf. Assmann spricht deshalb von der «mosaischen Unterscheidung», durch die es möglich wurde, Juden von Nicht-Juden, Christen von Heiden und Muslime von Nicht-Muslimen zu unterscheiden. Sie hängt unmittelbar mit der Entstehung der monotheistischen Religionen zusammen, ja sie liefert das eigentliche Unterscheidungskriterium: «Wahre» Religion kennt nur einen Gott, «falsche» Religion dagegen viele Götter. Diese Begründung des Monotheismus findet sich zwar historisch-faktisch gesehen schon im 14. Jh. v. Chr. bei *Amenophis IV.*, der sich selbst *Echnaton* nannte, die religiöse Tradition des Monotheismus führt diese Unterscheidung aber auf Moses zurück und beruft sich allein auf ihn, obwohl man faktisch-historisch nicht beweisen kann, dass er überhaupt existiert hat. «Moses ist eine Figur der Erinnerung, aber nicht der Geschichte; Echnaton dagegen ist eine Figur der Geschichte, aber nicht der Erinnerung. Weil aber in der Sphäre kultureller Unterscheidungen und Konstruktionen alles auf Erinnerung ankommt, sind wir berechtigt, nicht von Echnatons, sondern von Moses Unterscheidung zu sprechen.»[17] Die mosaische Unterscheidung nahm ihren Ausgang im sogenannten «Exodus», dem Auszug der Kinder Israels aus Ägypten, wodurch Ägypten zum Inbegriff des religiös Unwahren, des «Heidentums» wurde. Dieser Vorgang wurde zum Bestandteil des «kulturellen Gedächtnisses» der abendländischen Zivilisation, weil sich auf ihn ihre monotheistische Religion abstützt, auch wenn sich dafür, historisch «objektiv» gesehen, keinerlei Beweise finden lassen.

Gedächtnisgeschichte als Wissenschaft erforscht nun die Geschichte des kulturellen Gedächtnisses, das heißt Erinnerungen, die Bestandteil eines kollektiven Gedächtnisses sind. Ein über das Einzelbewusstsein und die persönliche Erinnerung hinausreichendes kollektives Gedächtnis liegt aber auch, wie wir gesehen haben und später noch genauer ausführen wollen, dem Verständnis der Akasha-Chronik zugrunde. Auf das Problem, dass Assmann die Bestandteile des kulturellen Gedächtnisses, also Gedächtnisgeschichte, nur als «Konstruktion» begreifen kann, werden wir später noch zurückkommen im Zusammenhang mit der Frage nach der Wirklichkeit von Geschichte überhaupt.

Der Gegensatz von Gedächtnis und Geschichte

Die relativ junge Disziplin der Gedächtnisgeschichte innerhalb der Geschichtswissenschaft geht zurück auf *Maurice Halbwachs* (1877–1945), den Schüler des französischen Philosophen *Henri Bergson* (1859–1941) und des französischen Soziologen *Emile Durkheim* (1858–1917). Halbwachs sprach als Erster von kollektiven Erinnerungen und kollektivem Gedächtnis. Er betonte die Rolle des kulturellen Gedächtnisses, also der Erinnerungen, die eine Gruppe von Menschen miteinander verbindet, bei der Bildung des individuellen Gedächtnisses. Dabei kommt das Gedächtnis in einen Gegensatz zur Geschichte: «Das Gedächtnis ist, um es mit Pierre Nora zu sagen, das Leben. Es ist für alle Verwendungen und Manipulationen offen. Die Geschichte aber ist im Gegenteil die unvollständige Rekonstruktion dessen, was nicht mehr ist.»[18] *Pierre Nora*, ein französischer Historiker der von Halbwachs mitbegründeten *Annales-Schule,* die sich mit der Geschichte von Mentalitäten auseinandergesetzt hat, sieht diesen Gegensatz von Gedächtnis und Geschichte sehr deutlich: «Das Gedächtnis rückt die Erinnerung ins Sakrale, die Geschichte vertreibt sie daraus, ihre Sache ist die Entzauberung [...]. Im Grunde der Geschichte ist eine zerstörende Kritik des spontanen Gedächtnisses am Werk.»[19]

Um diesen Gegensatz besser verstehen zu können, müssen wir uns zunächst die Voraussetzungen des ihm zugrunde liegenden Geschichtsverständnisses klarmachen. Das gewöhnliche Verständnis von Geschichte setzt als selbstverständlich voraus, dass die Individualitäten, die in der Geschichte gehandelt haben, vergängliche Wesen sind. *Alexander der Große* zum Beispiel hat der Geschichte nach 356 bis 323 v. Chr. gelebt. Seine Individualität hat weder vor seiner Geburt noch nach seinem Tode existiert. Sie wird als ebenso vergänglich angesehen wie seine Taten. Geschichte hat es generell immer mit Vergänglichem zu tun.

Unsere Erinnerung aber hat einen anderen Charakter. Durch sie bleiben wir mit dem Vergänglichen verbunden. Ein Ereignis, an das wir uns persönlich erinnern, ist zwar auch Bestandteil von Geschichte und insofern vergangen. Die Erinnerung aber macht es wieder gegenwärtig. Ja, durch die Erinnerung verbinden wir alle vergangenen Erlebnisse mit unserer jeweiligen Gegenwart. Erinnerung ist die Grundlage unserer Identität. Nur durch unsere Erinnerung können wir unsere Biografie überblicken, die dann die Grundlage unserer Identität bildet. Verlieren wir die Grundlage der Erinnerung, indem unser Gedächtnis, etwa durch einen Unfall, gestört oder sogar zerstört wird, so verlieren wir zugleich unsere Identität. Unsere Identität aber ist das Unvergängliche, das Bleibende innerhalb unserer Geschichte. Bei allen Veränderungen, die wir im Laufe unserer Biografie durchlebt haben, empfinden wir tief in uns ein Dauerhaftes, das durch alle diese Veränderungen hindurch geblieben ist. Dieses Bleibende nennen wir gewöhnlich unser Ich. Um uns als Ich erleben zu können, benötigen wir also ein Gedächtnis, benötigen wir Erinnerungen. Ein kleines Erlebnis soll das noch von einer anderen Seite her veranschaulichen.

Gelegentlich kann es passieren, dass man beim Aufwachen nicht sogleich weiß, wo man sich befindet. So erging es mir vor Kurzem einmal, als ich auf einer Reise in einem mir nicht bekannten Zimmer übernachtete. Morgens beim Erwachen war es vollkommen dunkel und meine räumliche Orientierung versagte. Ich wusste nicht, in welchem Raum ich war, wo sich die Tür, die Fenster etc. befanden. Ich wusste nur, dass ich auf einer Matratze lag. Doch wusste ich, dass *ich* es war, der auf der Matratze lag. Ich hatte also keinerlei räumliche Orientierung, dennoch wusste ich von mir selbst. Wodurch? Mir ging zugleich mit der räumlichen Desorientierung eine Erinnerung durch das Bewusstsein, nämlich die Erinnerung an einen Traum, den ich kurz zuvor gehabt hatte. *Diese Erinnerung* an etwas, das mit mir selbst verbunden war, ermöglichte mir in diesem Moment des Aufwachens in dem fremden Zimmer mein Selbstbewusstsein. Also nicht die räumliche Wahrnehmung, sondern das Erfassen des eigenen Selbst in der *Zeit* ist die Grundlage unseres Ich-Bewusstseins, unseres Identitätsgefühls.

Für dieses Erfassen kann man als symbolische Geste das Bild einer sich selbst in den Schwanz beißenden Schlange nehmen. Die Schlange, die sich selbst erfasst, ist ein traditionelles Bild für den Kern unserer Wesenheit, für unser Ich. Die Erinnerungsfähigkeit ist somit die eigentliche Grundlage unseres Ich-Bewusstseins.

Erinnerung über den Tod hinaus?

Bei der Frage nach der Unterscheidung von Gedächtnis und Geschichte waren wir von der Voraussetzung ausgegangen, dass Geschichte immer mit dem Vergänglichen zu tun hat und dass zu dem Vergänglichen selbstverständlich auch die handelnden Individualitäten gehören. In unserem Gedächtnis aber sind wir auf unser Ich als etwas für unser Bewusstsein Unvergängliches gestoßen. Die Grenze für dieses als unvergänglich erlebte Ich ist aber durch unsere Geburt und unseren Tod bestimmt. Darüber hinaus können wir uns nicht erinnern, erleben wir also auch keine Unvergänglichkeit.

Genauer betrachtet haben wir von uns selbst aber gar keine Erinnerung seit unserer Geburt, sondern erst ab dem Zeitpunkt, als wir «Ich» zu uns sagen konnten. Unser Ich-Bewusstsein hat sich also nach unserer Geburt erst Stück für Stück herausgebildet. Darauf werden wir im sechsten Kapitel noch genauer eingehen. Waren wir zuvor also noch nicht existent? Unser Nachdenken und das Zeugnis unserer Eltern sagen uns, dass wir natürlich auch vorher schon existiert haben. Unsere Existenz ist also unabhängig von unserem Ich-Bewusstsein. Dieses scheint erst mit der Ausbildung entsprechender physiologischer Grundlagen, vor allem innerhalb unseres Gehirns, möglich zu sein. Ist deshalb aber unser Gehirn die Voraussetzung unseres Ich oder existiert dieses auch unabhängig von einer leiblichen Grundlage? Existiert es dann vielleicht sogar schon vor unserer Geburt und demzufolge auch noch nach unserem Tod? Was würde das bedeuten?

Im nächsten Kapitel wollen wir auf diese Fragestellung genauer eingehen. Sie wird uns zum Gedanken der Reinkarnation, der Wiederverkörperung hinführen. Denn wenn wir die Wiederverkörperung zumindest als eine Denknotwendigkeit anerkennen, dann haben wir damit den Gegensatz von Gedächtnis und Geschichte aufgehoben. Geschichte wäre dann nicht mehr etwas, das nur aus Vergänglichkeit besteht, Gedächtnis wäre dann nicht mehr beschränkt auf die Kontinuität unseres Ich während eines einmaligen Erdenlebens. Geschichte würde dann zum Ausdruck der Taten sich wiederverkörpernder, unvergänglicher Individualitäten.

Reinkarnation als Bestandteil der Geschichte?

Kommen wir noch einmal zurück auf *Jan Assmann*. In seinem Buch *Moses der Ägypter* bringt er ein schönes Zitat von *Oliver Sacks:* «Wir haben, jeder von uns, eine ‹life-story›, eine innere Erzählung – deren Kontinuität, deren Sinn unser Leben ausmacht. Man kann sagen, dass jeder von uns eine Erzählung konstruiert und lebt und dass diese Erzählung uns, unsere Identität bildet.» Daran schließt Assmann die folgende Erwägung an: «Dasselbe Konzept einer narrativen Organisation des Gedächtnisses und der Selbstkonstruktion gilt auch (und vielleicht erst recht) auf der kollektiven Ebene. Hier heißen die ‹life-stories› Mythen. Dies sind die Geschichten, von und in denen eine Gruppe, Gesellschaft, eine Kultur lebt [...]. Daher können Erinnerungen auch ihrerseits geschichtsmächtig werden [...]. Daher hat auch Gedächtnisgeschichte, die sich um erzählte Erinnerung kümmert, mit Geschichte zu tun.»[20] Damit sagt Assmann aber auch, dass er das in der Gedächtnisgeschichte Erinnerte für eine «Konstruktion» hält.

Auf diese Vorstellung der «Konstruktion» stützt sich nun auch die Esoterikforschung, wenn sie Rudolf Steiners «Lesen in der Akasha-Chronik» in den Blick nimmt. *Helmut Zander* tut dies in besonders scharfer Weise: «Auch die Reinkarnationserinnerung ist ein interessengeleiteter Selektionsprozess, in dem aus dem memorierten Fundus einer Kultur ausgewählt, bewahrt und für eine neue Gegenwart zusammengestellt wird. Dabei kann eine virtuelle Vergangenheit konstruiert werden, ein Eindruck, der sich etwa bei Steiners Reinkarnationslektüre im Weltgedächtnis der Akasha-Chronik aufdrängt [...].»[21]

Zander geht hier selbstverständlich davon aus, dass es Reinkarnation nicht gibt.[22] Dann muss freilich ein Rückblick in die Vergangenheit aufgrund des «Lesens in der Akasha-Chronik» «konstruiert» erscheinen. Was aber, wenn es die Reinkarnation eben doch gäbe, wenn Einsicht in diese Tatsache möglich und die Individualität des Geschichtsforschers, so wie aller anderen Menschen auch, am Gang der Geschichte real beteiligt wäre?

Auf der Grundlage unserer obigen Erwägungen würde dann der Gegensatz von «Gedächtnisgeschichte» und «Geschichte» aufgehoben. «Gedächtnisgeschichte» wäre dann die Innenansicht, «Geschichte» die Außenansicht dessen, was wir gewöhnlich «Geschichte» nennen. Geschichte als Ausdruck der Taten sich wiederverkörpernder, unvergänglicher Individualitäten würde den Gegensatz von Geschichte und Gedächtnis verschwinden lassen, weil «Selbstkonstruktion» dann nicht Ausdruck subjektiver Willkür wäre, sondern die realen, objektiven Taten unvergänglicher Individualitäten. Und Erinnerung würde sich dann ausdehnen über ein einmaliges Erdenleben hinaus. Damit kämen wir dem, was Steiner das «Lesen in der Akasha-Chronik» nennt, einen Schritt näher.

3. DIE BEDEUTUNG DES REINKARNATIONSGEDANKENS FÜR DIE GESCHICHTSERKENNTNIS

Im Vorangehenden haben wir uns mit dem Gegensatz von Gedächtnis und Geschichte beschäftigt. Dabei haben wir gesehen, dass wir es in der Geschichte zwar mit objektiv feststellbaren, dafür aber verblassten, vergangenen Ereignissen zu tun haben. Zur Vergänglichkeit und Verblasstheit gehören auch die handelnden Individualitäten selbst, die, insofern sie Gegenstand der Geschichtsbetrachtung sind, sich nicht wesenhaft von anderen Gegenständen der Geschichte, etwa einem Dokument oder einem hinterlassenen Bauwerk, unterscheiden. Individualitäten erscheinen der Geschichtsbetrachtung ebenso tot wie jeglicher andere Gegenstand.

Dazu im Gegensatz steht unsere Erinnerung, in der alles lebendig erscheint, aber an unser persönliches Erleben gebunden, insofern gefärbt durch Emotionen, unter Umständen dadurch auch verfälscht. Die Erinnerung erscheint im Gegensatz zur Geschichte lebendig, dafür aber ist sie begrenzt auf den Umkreis unseres persönlichen Erlebens und unserer jetzigen zeitlich begrenzten Existenz. Und sie ist nicht objektiv, sondern gibt nur unseren persönlich gefärbten Standpunkt wieder. Ein anderer hat unter Umständen vom selben Ereignis eine völlig andere Erinnerung als wir.

Nun hat die Esoterikforschung mit dem Begriff der «Gedächtnisgeschichte» eine Form der Beschreibung subjektiver Erinnerungen als Bestandteil der Geschichte gefunden. Wobei sich «Gedächtnisgeschichte» nicht mit persönlichen Erinnerungen eines Menschen, sondern mit den kollektiven Erinnerungen einer Kultur, mit dem sogenannten «kulturellen Gedächtnis» beschäftigt, das weit über die Geschichte eines Erdenlebens eines einzelnen Menschen hinausreicht. Jan Assmann setzt in dem oben wiedergegebenen Zitat das persönliche Gedächtnis in ein Verhältnis zum kollektiven Gedächtnis: «Dasselbe Konzept einer narrativen Organisation des Gedächtnisses und der Selbstkonstruktion gilt auch (und vielleicht erst recht) auf der kollektiven Ebene. Hier heißen die ‹life-stories› Mythen. Dies sind die Geschichten, von und in denen eine Gruppe, Gesellschaft, eine Kultur lebt.»[23] In diesem Sinne aber gelten der Gedächtnisgeschichte die Bestandteile, also die Erinnerungen des kulturellen Gedächtnisses nicht als etwas Objektives, sondern als subjektive «Konstruktionen», wobei die Gründe für solche Konstruktionen mannigfaltiger Natur sein können.

In der Regel werden als Gründe subjektive Faktoren wie Machtstreben, soziale Vorteilnahme oder ähnliche psychologische Ursachen angenommen, entspricht doch die Vorstellungswelt der Historiker diesbezüglich weitgehend den Vorstellungen von Triebstrukturen der menschlichen Psyche, wie sie Sigmund Freud mithilfe der Psychoanlayse aufgestellt hat. Gedächtnisgeschichte sucht innerhalb des kulturellen Gedächtnisses nach Ursachen für bestimmte Traditionen wie etwa die schon erwähnte mosaische Unterscheidung und versucht sie, ähnlich wie ein Psychoanalytiker, durch bestimmte, mitunter traumatische historische Erfahrungen zu begründen, die dann zu dieser oder jener mythischen Vorstellung geführt haben, die aber meist nicht auf historisch belegbaren Fakten beruht. Deshalb ist auch die Rede von der «Konstruktion» solcher «Mythen».[24]

Nun haben wir aber schon festgestellt, dass mithilfe einer ganz anderen Vorstellung, nämlich der von der Wiederverkörperung der menschlichen Individualität, auch ganz andere Begründungsmöglichkeiten für die der Geschichte zugrunde liegenden menschlichen Handlungen auftauchen. Es erscheint mithilfe des Reinkarnationsgedankens, den wir nachfolgend nun genauer begründen wollen, möglich, die Subjektivität von Gedächtnisgeschichte durch eine objektive Begründungsmöglichkeit derselben zu ersetzen.

Der von Jan Assmann entwickelte Begriff der «Gedächtnisgeschichte» bietet, wenn man ihn mit dem Reinkarnationsgedanken verbindet (den man an die Stelle des Begriffs «Selbstkonstruktion» setzen muss), die Möglichkeit, «Gedächtnisgeschichte» als eine geistige Realität zu begreifen. Dann kann man diese auch mit dem, was faktisch-historische Geschichte ist, in ein nachvollziehbares und begründbares Verhältnis setzen. Die reinkarnierten Menschen sind es, die die Geschichte «geschrieben» haben.

Der Reinkarnationsgedanke bei Lessing

Betrachten wir nun die gedankliche Begründung der Idee der Reinkarnation. In der Neuzeit hat diese Idee erstmals *Gotthold Ephraim Lessing* (1729–1781) in seinem 1780 erschienenen Spätwerk *Die Erziehung des Menschengeschlechts* gedanklich genauer begründet. Lessing fasste seine Idee der Reinkarnation dabei nicht als Wahrheit im wissenschaftlichen Sinne auf, sondern als «Spekulation». Dennoch verband er damit mehr, als wir gewöhnlich damit meinen: nicht ein unverbindliches Entwerfen von Vorstellungen, sondern ein echtes, von der ganzen Existenz getragenes Denken. Dergleichen Spekulationen betrachtete er als «unstreitig die schicklichsten Übungen des menschlichen Verstandes überhaupt», denn der Verstand solle «schlechterdings an geistigen Gegenständen geübt sein, wenn er zu einer völligen Aufklärung gelangen und diejenige Reinheit des Herzens hervorbringen soll, die uns die Tugend um ihrer selbst willen zu lieben fähig macht».[25] Wir wollen seinen Gedankengang an dieser Stelle zitieren, weil von ihm ausgehend auch die nachfolgenden Schritte besser verständlich werden können. Das oben genannte Werk mündet in die folgenden Sätze:

«§ 91 Geh deinen unmerklichen Schritt, ewige Vorsehung! Nur lass mich dieser Unmerklichkeit wegen an dir nicht verzweifeln. Lass mich an dir nicht verzweifeln, wenn selbst deine Schritte mir scheinen sollten, zurück zu gehen! – Es ist nicht wahr, dass die kürzeste Linie immer die gerade ist.

§ 92 Du hast auf deinem ewigen Wege so viel mitzunehmen! so viel Seitenschritte zu tun! – Und wie? wenn es nun gar so gut als ausgemacht wäre, dass das große langsame Rad, welches das Geschlecht seiner Vollkommenheit näher bringt, nur durch kleinere schnellere Räder in Bewegung gesetzt würde, deren jedes sein Einzelnes eben dahin liefert?

§ 93 Nicht anders! Eben die Bahn, auf welcher das Geschlecht zu seiner Vollkommenheit gelangt, muss jeder einzelne Mensch (der früher, der später) erst durchlaufen haben. – ‹In einem und eben demselben Leben durchlaufen haben? Kann er in eben demselben Leben ein sinnlicher Jude und ein geistiger Christ gewesen sein? Kann er in eben demselben Leben beide überholet haben?›

§ 94 Das wohl nun nicht! – Aber warum könnte jeder einzelne Mensch auch nicht mehr als einmal auf dieser Welt vorhanden gewesen sein?

§ 95 Ist diese Hypothese darum so lächerlich, weil sie die älteste ist? weil der menschliche Verstand, ehe ihn die Sophisterei der Schule zerstreut und geschwächt hatte, sogleich darauf verfiel?

§ 96 Warum könnte auch Ich nicht hier bereits einmal alle die Schritte zu meiner Vervollkommnung getan haben, welche bloß zeitliche Strafen und Belohnungen den Menschen bringen können?

§ 97 Und warum nicht ein andermal alle die, welche zu tun, uns die Aussichten in ewige Belohnungen, so mächtig helfen?

§ 98 Warum sollte ich nicht so oft wiederkommen, als ich neue Kenntnisse, neue Fertigkeiten zu erlangen geschickt bin? Bringe ich auf einmal so viel weg, dass es der Mühe wieder zu kommen etwa nicht lohnet?

§ 99 Darum nicht? – Oder, weil ich es vergesse, dass ich schon da gewesen? Wohl mir, dass ich das vergesse. Die Erinnerung meiner vorigen Zustände, würde mir nur einen schlechten Gebrauch des gegenwärtigen zu machen erlauben. Und was ich auf itzt vergessen *muss*, habe ich denn das auf ewig vergessen?
§ 100 Oder, weil so zu viel Zeit für mich verloren gehen würde? – Verloren? – Und was habe ich denn zu versäumen? Ist nicht die ganze Ewigkeit mein?»[26]

Das entscheidende Argument liegt hier in dem Satz: «Bringe ich auf einmal so viel weg, dass es der Mühe wieder zu kommen etwa nicht lohnet?» Es ist die Idee einer Entwicklung der Menschheit hin zu einer immer weiteren Vervollkommnung, die ihn auf den Gedanken der Wiederverkörperung stoßen lässt, denn nur durch diese kann er sich eine für alle Menschen gleiche Voraussetzung zu dieser Vervollkommnung vorstellen.[27]

Goethe beteiligte sich nicht an der Diskussion über die Wiederverkörperungsidee, die Lessing durch seine Schrift angestoßen hatte. Dennoch sprach auch er bereits in einem Brief im April 1776 an *Wieland* in Bezug auf seine Beziehung zu *Charlotte von Stein* von der Idee der Wiederverkörperung: «Ich kann mir die Bedeutsamkeit – die Macht, die diese Frau über mich hat, anders nicht erklären, als durch die Seelenwanderung.» Auch im Gedicht *Gesang der Geister über den Wassern* von 1779 («Des Menschen Seele gleicht dem Wasser») taucht der Gedanke der Wiederverkörperung bei ihm auf.

Im 19. Jahrhundert griff der Psychologe *Maximilian Droßbach* (1810–1884) in seiner 1849 erschienenen Schrift *Wiedergeburt, oder: Die Lösung der Unsterblichkeitsfrage auf empirischem Wege nach den bekannten Naturgesetzen* diese Idee wieder auf. Ohne Esoterik, rein durch Betrachtung dessen, was die Natur darbietet, versuchte Droßbach, auf seine Art als Psychologe, die Idee der wiederholten Erdenleben zu denken. Um 1850 wurde dann von einer kleinen Gesellschaft von Gelehrten ein Preis für die beste Schrift über die Unsterblichkeit der Seele ausgesetzt. Diesen Preis gewann der schwäbische Arzt und Gelehrte *Gustav Widenmann* (1812–1876), der die Idee der Wiederverkörperung ebenfalls rein gedanklich begründete.

Die Idee der Wiederverkörperung bei Rudolf Steiner

An diese Tradition knüpft nun auch Rudolf Steiner an, als er 1903 in der kleinen Schrift *Reinkarnation und Karma, vom Standpunkt der modernen Naturwissenschaft notwendige Vorstellungen* diese Idee mit den Gedankenformen der Evolutionslehre begründet und dann in seinem Grundwerk *Theosophie* weiter ausführt.

Allerdings greift er den Reinkarnationsgedanken erstmals bereits 1902 in der weiter unten noch zu behandelnden Schrift *Das Christentum als mystische Tatsache* auf, indem er auf die antike Anschauung Heraklits zurückgreift. Wenn Heraklit sagt: «Des Menschen Dämon ist sein Schicksal»,[28] «so erweitert sich für Heraklit das, was im Menschen lebt, weit über das Persönliche hinaus. Dieses Persönliche ist der Träger eines Dämonischen[29] [...], das nicht in den Grenzen der Persönlichkeit eingeschlossen ist [...]. Eine Erscheinungsform nur ist das Persönliche für das Dämonische. Nach vorwärts und rückwärts blickt der Träger solcher Erkenntnis über sich selbst hinaus. [...] Der Dämon *kann* sich nicht innerhalb *einer* Persönlichkeit abschließen. Er hat Kraft, viele Persönlichkeiten zu beleben. Von Persönlichkeit zu Persönlichkeit vermag er sich zu wandeln. Der große Gedanke der Wiederverkörperung springt wie etwas Selbstverständliches aus den Heraklit'schen Voraussetzungen, und nicht allein der Gedanke, sondern die *Erfahrung* von dieser Wiederverkörperung. Der Gedanke bereitet nur für diese Erfahrung vor. Wer das Dämonische in sich gewahr wird, findet es nicht als ein unschuldvolles, erstes vor. Er findet es mit Eigenschaften. Wodurch hat er diese? Warum habe ich Anlagen? Weil an meinem Dämon schon andere Persönlichkeiten gearbeitet haben. [...] Niemand kann sich hinsetzen und schreiben, der nie vorher die Feder in der Hand gehabt hat. Aber einen ‹genialen Blick› soll der eine oder andere haben auf bloß wunderbare Weise. Nein, auch dieser ‹geniale› Blick muss erworben sein: Er muss gelernt sein. Und tritt er in einer Persönlichkeit auf, so nennen wir ihn ein Geistiges. Aber dieses Geistige hat eben auch erst gelernt; es hat sich in einem früheren Leben erworben, was es in einem späteren ‹kann›.»[30]

Dieser Gedankengang ist dem oben zitierten von Lessing sehr eng verwandt, geht aber über diesen hinaus, indem er nicht mehr nur von dem *Gedanken* der Wiederverkörperung, sondern von deren *Erfahrung* spricht.

Die im darauffolgenden Jahr 1903 veröffentlichte, an das naturwissenschaftliche Denken anschließende gedankliche Begründung der Reinkarnationsidee nimmt sich bei Steiner nun folgendermaßen aus: Wir sehen in den Naturreichen, wie ein Wesen an das andere anschließt. So entsteht aus dem Samen einer Sonnenblume eine neue Sonnenblume, die wiederum einen neuen Samen hervorbringt. Dabei werden jeweils immer dieselben Eigenschaften einer Pflanze, zum Beispiel der Sonnenblume, weitervererbt. Ebenso ist es im Tierreich, wo durch die leibliche Fortpflanzung die Eigenschaften eines Tieres, etwa eines Hundes, an ein nachfolgendes, neugeborenes Tier weitervererbt werden. Die besonderen Eigenschaften des Hundes bleiben dabei immer dieselben. Biologisch gesprochen sind diese Eigenschaften keine individuellen, sondern Eigenschaften einer bestimmten *Gattung*.

Schauen wir demgegenüber auf den Menschen, so nehmen wir an ihm neben allem Gattungsmäßigen nun auch individuelle Eigenschaften wahr, die sich nicht allein durch Vererbung erklären lassen. Die Individualität eines Menschen prägt sich unabhängig von Vererbungs- oder Umwelteinflüssen in seiner *Biografie* aus. In diese fließen natürlich vererbte und aus der Umwelt entnommene Einflüsse hinein, aber sie können die Biografie eines Menschen nicht erklären.

Welche Erklärung gibt es aber dann für diese individuelle, *geistige Gestalt* eines Menschen? Als physischer Mensch hat man eine leibliche Gestalt, die ebenso wie bei Tier und Pflanze Ergebnis leiblicher Vererbung ist. Die geistige Gestalt eines Menschen, die ihn von allen anderen Menschen unterscheidet, geht aber über das, was wir im Tier- und Pflanzenreich vorfinden, hinaus. In geistiger Beziehung ist deshalb jeder Mensch eine *eigene Gattung*. Und die Eigenschaften dieser *geistigen Gattung* werden nur dadurch erklärbar, dass wir sie diesem Individuum selber zuschreiben. Jeder Mensch bringt sich als *geistiges Wesen* selbst hervor, indem er sich nicht nur einmalig auf der Erde verkörpert, sondern sich durch *wiederholte Erdenleben* hindurch immer wieder verkörpert. «Als geistiger Mensch habe ich meine eigene Gestalt, wie ich meine eigene Biografie habe. Ich kann also diese Gestalt von niemand anderm haben als von mir selbst. Und da ich nicht mit unbestimmten seelischen Anlagen in die Welt eingetreten bin, da durch diese Anlagen mein Lebensweg, wie er in der Biografie zum Ausdruck kommt, bestimmt ist, so kann meine Arbeit an mir nicht bei meiner Geburt begonnen haben. Ich muss als geistiger Mensch vor meiner Geburt vorhanden gewesen sein. In meinen Vorfahren bin ich sicher nicht vorhanden gewesen, denn diese sind als geistige Menschen von mir verschieden. Meine Biografie ist nicht aus der ihrigen erklärbar. Ich muss vielmehr als geistiges Wesen die Wiederholung eines solchen sein, aus dessen Biografie die meinige erklärbar ist. [...] So wie also die physische Menschengestalt immer wieder und wieder eine Wiederholung, eine Wiederverkörperung der menschlichen Gattungswesenheit ist, so muss der geistige Mensch eine Wiederverkörperung *desselben* geistigen Menschen sein. Denn als geistiger Mensch ist eben jeder eine eigene Gattung.»[31]

Wiederverkörperung und Geschichte

Mit dieser Idee der Wiederverkörperung aber erhalten wir nun für unser Verständnis von Geschichte eine völlig neue Grundlage. Denn Geschichte bleibt vor dem Hintergrund der Idee der wiederholten Erdenleben nicht der Ausdruck mehr oder weniger zufällig oder natürlich bedingter Taten auf den Leib beschränkter Wesenheiten, sondern sie wird zum Ausdruck der sich über wiederholte Erdenleben erstreckenden *Entwicklung geistiger Wesen*.

Die «Akasha-Chronik» wäre mithin nichts anderes als der geistige Ausdruck, die geistige Schrift, die diese geistigen Wesen durch ihre wiederholten Erdenleben hindurch mit ihren Taten hinterlassen haben: «Es ist von ganz besonderer Wichtigkeit, darauf hinzuweisen, wie die Betrachtung des geschichtlichen Lebens der Menschheit dadurch belebt wird, dass man zeigt, es sind die Menschenseelen selbst, welche die Ergebnisse der einen Geschichtsepoche in die andere hinübertragen, indem sie in ihren wiederholten Erdenleben von Epoche zu Epoche wandeln.

Man wird leicht gegen eine solche Betrachtung einwenden, dass sie der Geschichte das Elementarische und Naive nimmt; aber man tut damit unrecht. Sie vertieft vielmehr die Anschauung des Geschichtlichen, das sie bis in das Innerste der Menschenwesenheit hinein verfolgt. Geschichte wird dadurch reicher und konkreter, nicht ärmer und abstrakter. Man muss nur in der Darstellung Herz und Sinn für die lebende Menschenseele entwickeln, in die man dadurch tief hineinschaut.»[32]

Diese Erweiterung des Geschichtsverständnisses durch den Gedanken der Wiederverkörperung lässt sich bis zu Lessings Schrift über die *Erziehung des Menschengeschlechts* zurückverfolgen, denn letztlich kam Lessing diese Idee erst aus der Beschäftigung mit der Menschheitsgeschichte. Wie sonst hätte er sich den Fortschritt des Menschengeschlechts erklären sollen als durch die Idee der Reinkarnation?

Warum gibt es keine Erinnerung an frühere Erdenleben?

Dass wir uns an unsere früheren Inkarnationen zunächst nicht erinnern können, erscheint insofern notwendig, als für unser Identitätsbewusstsein die Erinnerungen an unser jetziges Erdenleben entscheidend sind. Würden wir unmittelbar über Erinnerungen an frühere Erdenleben verfügen, dann würde unser jetziges Selbstbewusstsein sich nicht richtig ausbilden können. Für die Entwicklung des Persönlichkeitsbewusstseins erscheint es deshalb notwendig, dass zunächst keinerlei Erinnerungen an frühere Erdenleben möglich sind.[33]

Dies hatte auch bereits Lessing so gesehen, wenn er, wie oben bereits zitiert, schreibt: «Oder, weil ich es vergesse, dass ich schon da gewesen? Wohl mir, dass ich das vergesse. Die Erinnerung meiner vorigen Zustände, würde mir nur einen schlechten Gebrauch des gegenwärtigen zu machen erlauben. Und was ich auf itzt vergessen muss, habe ich denn das auf ewig vergessen?»[34]

Nun haben aber frühere Kulturen der Menschheit noch nicht über ein so ausgeprägtes Persönlichkeitsbewusstsein wie wir heute verfügt. Wäre es dann nicht denkbar, dass es den Menschen älterer Kulturen noch möglich war, sich an frühere Erdenleben zu erinnern?

Wir werden auf diese Fragestellung im Zusammenhang mit der Betrachtung der Evolution von Gedächtnis und Erinnerung noch zurückkommen. Schon jetzt aber kann deutlich werden, dass diese entscheidend mit der Evolution des Ich-Bewusstseins im Zusammenhang steht.

4. WAS IST DIE «AKASHA-CHRONIK»?

Halten wir nun in unserem Gedankengang einen Moment inne. Angesichts des Gegensatzes von Gedächtnis und Geschichte hatten wir nach etwas diese Gegensätze Vereinendem gesucht. Durch den Reinkarnationsgedanken sind wir auf das Bleibende, Unvergängliche innerhalb der Geschichte gestoßen, die sich wiederverkörpernde Individualität. Mithilfe des Reinkarnationsgedankens können wir nun schon besser verstehen, dass Erinnerungen an weit zurückliegende, historische Zusammenhänge keine «Konstruktion» zu sein brauchen, sondern auf objektiven Zusammenhängen, nämlich auf wiederholten Erdenleben beruhen können.

Ein überindividuelles Gedächtnis?

Vergegenwärtigen wir uns noch einmal unsere Ausgangsfrage nach dem «Lesen in der Akasha-Chronik»: Wie ist es möglich, Aussagen über historisch weit zurückliegende Ereignisse zu machen ohne die Zuhilfenahme äußerer Dokumente? Zum einen gehört dazu eine über das Normalbewusstsein hinausreichende *Erinnerungskraft*. Diese erscheint möglich aufgrund des Reinkarnationsgedankens, weil Erinnerung unter dieser Voraussetzung nicht auf unser jetziges Erdendasein beschränkt ist, sondern sich ausdehnen ließe auf vorangegangene Erdenleben. Wie solche Erinnerungen methodisch geschult herbeigeführt werden können, soll uns in einem späteren Kapitel noch beschäftigen.

Es ergibt sich jetzt aber noch eine weitere Frage: Wenn solche Rückerinnerungen nicht auf die persönlichen Erlebnisse einer Individualität beschränkt bleiben sollen, und seien diese auch noch so weit zurückreichend, dann gehört zu der Möglichkeit des «Lesens in der Akasha-Chronik» noch eine weitere Voraussetzung, nämlich die eines Gedächtnisses, das unabhängig von einzelnen Menschenindividualitäten die historischen Ereignisse festhält. Wie ist ein solches aber vorstellbar?

Eben dieses Gedächtnis nennt Steiner die «Akasha-Chronik», eine Art Menschheits- oder Evolutionsgedächtnis, in dem alle Taten der Menschen und, noch weiter zurückreichend, die gesamte Evolution der Menschheit aufgezeichnet ist. Was aber ist diese Chronik? Worin oder womit werden die Taten der Menschen aufgezeichnet?[35]

Das Bewusstsein höherer Wesenheiten

Stellen wir dazu folgende Überlegungen an, die zunächst rein spekulativer Natur sein mögen, dennoch plausibel erscheinen können: Wie könnte man sich ein Gedächtnis vorstellen, das von einzelnen Menschen unabhängig wäre, ein Bewusstsein, das über das eines einzelnen Menschen hinausgeht? Bewusstsein kann aber immer nur das Bewusstsein eines Wesens sein, in diesem Falle also eines übermenschlichen, höheren Wesens. Solche Wesen werden in der christlichen Tradition gewöhnlich als «Engel» bezeichnet.

Wenn wir dieser christlichen Engellehre folgen, wie sie als erster *Dionysius Areopagita* um 500 aufgestellt hat, dann stellen wir uns zunächst ein Wesen aus der untersten Hierarchie, einen Engel vor. Dessen Bewusstsein erstreckt sich nur auf einzelne Menschen, es umfasst noch keine Gruppen von Menschen. Die darüberliegende Hierarchie der Erzengel jedoch übergreift ganze Gruppen, ja Völker, ihnen wäre also ein Bewusstsein eigen, das ein ganzes Kollektiv umfasst. «Archangeloi» werden sie in der griechischen Sprache genannt, «Engel des Anfangs». Und die darüberstehende Hierarchie wird «Urbeginne» oder «Archai» genannt, Steiner bezeichnet sie auch als «Zeitgeister» oder auch als «Geister der Persönlichkeit». Ihnen käme der Bezeichnung nach ein noch umfassenderes Bewusstsein zu, das große Zeiträume überschaut und in einem entsprechenden Gedächtnis festhalten kann.

Rudolf Steiner weist nun darauf hin, dass «es im Grunde genommen im Weltenall doch nichts anderes gibt als Bewusstseine. Außer dem Bewusstsein irgendwelcher Wesenheiten ist letzten Endes alles Übrige dem Gebiete der Maja oder der großen Illusion angehörig.»[36] An einer anderen Stelle drückt er sich noch prinzipieller aus: «Ein wesentlicher Teil des Einlebens in die übersinnlichen Welten besteht darin, dass an die Stelle der Zustände und Eigenschaften, welche das Bewusstsein in der Sinneswelt um sich hat, *Wesenheiten* treten.»[37] Folgen wir an dieser Stelle dem Gedankengang Steiners in einem längeren Textauszug, so wäre es möglich, durch fortgesetztes Üben sein Denken so zu steigern, dass nicht mehr wir selbst es sind, die einen Gedanken denken, sondern ein Wesen aus der Hierarchie der Engel:

«Nehmen wir einmal einen Gedanken, also das, was wir als Menschen denken. Zunächst sind diese Gedanken in unserem Bewusstsein, aber sie sind nicht bloß in unserem Bewusstsein. Sie sind zugleich in dem Bewusstsein der Wesen der nächsthöheren Hierarchie, der Angeloi, der Engel. Während wir einen Gedanken haben, ist unsere ganze Gedankenwelt zum Beispiel Gedanke der Engel. Die Engel denken unser Bewusstsein. Und darum werden Sie erkennen, wie man, wenn man zum Sehertum aufsteigt, eine andere Empfindung gegenüber dem Anschauen der Wesen der höheren Welten entwickeln muss als in der gewöhnlichen äußeren Wirklichkeit. Wenn man so wie über die physisch-sinnliche Welt, über das irdische Dasein denkt, kann man nicht zu einem höheren Sehertum hinaufkommen. Man muss da nicht bloß denken, sondern man muss gedacht werden und ein Wissen davon haben, dass man gedacht wird. Es ist nicht gerade leicht, weil dazu Menschenworte heute noch nicht geprägt sind, genau zu charakterisieren, was man da für eine Empfindung gegenüber seinem Anschauen hat. Aber man kann etwa – man wähle einen

Vergleich – so sagen, dass man allerlei Bewegungen ausführt und diese Bewegungen würde man nicht an sich beobachten, sondern man würde in das Auge eines Nebenmenschen blicken und dort das Spiegelbild der eigenen Bewegungen beobachten und sich sagen: Wenn man da beobachtet, so wisse man daraus, dass man dieses oder jenes mit den Händen oder dem Mienenspiel vollführt. Dieses Gefühl hat man schon bei der nächsten Stufe des Sehertums. Man weiß nur im Allgemeinen, dass man denkt, aber man beobachtet sich im Bewusstsein der Wesen der nächsthöheren Hierarchie. Man lässt seine Gedanken von den Engeln denken. Man muss wissen, dass man nicht selbst seine Gedanken in seinem Bewusstsein dirigiert, sondern dass die Wesen der nächsthöheren Hierarchie diese Gedanken dirigieren. Man muss das Bewusstsein der Engel, einen durchwallend und durchwebend, fühlen. Dann erlangt man gleichsam einen Aufschluss über die fortlaufenden Impulse der Entwicklung, zum Beispiel über die Wahrheit des Christus-Impulses, wie er auch jetzt noch fortwirkt, nachdem er einmal da ist. Die Engel können diese Impulse denken; wir Menschen können sie denken und charakterisieren, wenn wir uns gegenüber unseren Gedanken so verhalten, dass wir sie hingeben den Engeln, dass diese in uns denken. Das erlangt man eben durch fortgesetztes Üben, wie ich es in meinem Buche ‹Wie erlangt man Erkenntnisse der höheren Welten?› beschrieben habe. Von einem gewissen Moment an verbindet man ein Gefühl, einen Sinn mit den Worten: Deine Seele denkt jetzt nicht mehr; sie ist ein Gedanke, den die Engel denken. – Und indem das für das einzelne menschliche Erleben eine Wahrheit wird, erlebt man in sich, sagen wir, die Gedanken der allgemeinen Christus-Wahrheiten oder auch andere Gedanken über die weise Führung der Erdenevolution.

Diejenigen Dinge, welche sich beziehen auf die einzelnen Epochen der Erdenentwicklung, auf die urindische Epoche, auf die urpersische Epoche und so weiter, die werden gedacht von den Erzengeln. Durch weiteres Üben kommt man dazu, nicht bloß von den Engeln gedacht zu werden, sondern von den Erzengeln erlebt zu werden. Man muss nur im weiteren Verlauf seines Übens dazu kommen, dass man weiß: Du gibst dein Leben dar für das Leben der Erzengel. [...] Während man im gewöhnlichen Leben meint, man denke seine Gedanken, kommt man durch das Üben dazu, einzusehen, dass die Gedanken in einem denken, weil die Angeloi, die Engel, in einem denken. Und im weiteren Verlauf des Übens bekommt man das Gefühl, dass man in verschiedene Gebiete der Welt durch die Erzengel getragen wird und dadurch diese Gebiete kennenlernt. Wer in richtiger Weise die ägyptische Kultur, die indische Kultur schildert, der weiß erst einen Sinn zu verbinden mit dem, was es heißt: Deine Seele wird getragen von einem Erzengel in diese oder jene Zeit. – Es ist so, wie wenn die Säfte unseres Lebens wüssten, dass sie den Lebensprozess unterhalten und im Organismus wie das Blut herumgeführt werden. So weiß der Seher: Er wird von den Erzengeln im Lebensprozess der Welt herumgeführt.»[38]

Das «Lesen in der Akasha-Chronik» wäre also in diesem Sinne ein Sich-Hineinversetzen in das Bewusstsein hierarchischer Wesenheiten, das nicht nur weit zurückreichende Zeiten umfasst, sondern auch das Handeln von ganzen Menschengruppen, Völkern und Kulturen.

Das Bewusstsein eines höheren Wesens kann aber nur dann bewusst erfasst werden, wenn das Bewusstsein des Geistesforschers selbst so weit entwickelt ist, dass es ein Bewusstsein seines eigenen geistigen Wesens, das, wie wir gesehen haben, durch verschiedene Erdenleben hindurchgegangen ist, entwickelt hat. Denn sonst würde es sich schlichtweg in dem höheren Bewusstsein auflösen und darin gewissermaßen verschwinden. Der eigene geistige Wesenskern, das Unvergängliche, Ewige der eigenen Individualität muss also als das durch alle Zeiten hindurch Bestehende erfasst werden können, um zu solchen Erkenntnissen früherer Epochen kommen zu können. Wie diese Bewusstseinsstufe, die Steiner als das «intuitive» Bewusstsein bezeichnet hat, genauer zu verstehen ist, werden wir im Kapitel über die Reinkarnationserkenntnis noch sehen.

Zum Raum wird hier die Zeit

Aber noch ein Weiteres gilt es zu bedenken. Würde das weite Zeiträume umfassende Bewusstsein eines hierarchischen Wesens unserem eigenen Zeitbewusstsein gleichen, dann wäre auch dieses höhere Bewusstsein eingeschränkt in dem Sinne, dass das Vergangene eben vergangen, weit zurückliegend und damit nicht mehr konkret vorstellbar wäre. Um ein weit zurückliegendes Ereignis – nehmen wir als Beispiel die Feldzüge Alexanders des Großen nach Asien – wirklich gegenwärtig zu haben, müsste die Zeit einen räumlichen Charakter annehmen, denn im Raum haben wir die Möglichkeit, uns an einen Ort, und sei er auch weit entfernt, hinzubegeben und das dort zu Besichtigende anzuschauen. Und in der Tat beschreibt Steiner die Erforschung weit zurückliegender Ereignisse so, dass dem Geistesforscher die Zeit dabei räumlich erscheint. Folgen wir auch hier wieder Steiners Gedankengang anhand eines etwas längeren Textauszuges:

«Das Gedächtnis des Geistesforschers nun ändert sich in all den Fällen, wo er in dem Bewusstseinszustand ist, mit dem er in der geistigen Welt forscht, so, dass er in der geistigen Welt durch eine ähnliche Fähigkeit wahrnimmt, wie sie das gewöhnliche Gedächtnis ist, nur dass er nun nicht zeitlich wahrnimmt, sondern räumlich. Es ist eine vollständige Verwandlung, die mit dem Gedächtnis vorgeht. Während der Mensch, wenn er im gewöhnlichen Bewusstsein sich an etwas erinnern will, was er gestern erlebt hat, in der Zeit zurückblickt und die Ereignisse von gestern gleichsam heraufzuholen sucht, ist es beim Fortschreiten in der geistigen Erkenntnis des Geistesschülers so, dass er das Vergangene gleichzeitig mit dem Gegenwärtigen erlebt, nur räumlich von ihm getrennt, etwa so, wie wenn man hier steht und durch die Türe in den Raum nebenan schaut. Es ist also so, dass die gestrigen Ereignisse gleichzeitig im Raume dastehen, nur wie durch eine Entfernung von den heutigen Ereignissen getrennt; und dasjenige, was in der Zeit weiter zurückliegt, ist nur im Raume entsprechend weiter entfernt als das Gegenwärtige. Man kann also sagen: Für den Geistesforscher treten die sonst für das Gedächtnis in der Zeitform hintereinander erscheinenden Ereignisse nebeneinander auf, und er muss gleichsam von einem Ereignis zum andern wandern.

Sie werden erkennen, wenn Sie genau durchdenken, was schon in den vorhergehenden Vorträgen gesagt worden ist, dass das jetzt Auseinandergesetzte ganz gut übereinstimmt mit dem früher Gesagten. Es wurde gesagt, dass man sich in der geistigen Welt mit den Dingen und Wesenheiten vereinigen muss. Wenn diese Dinge und Wesenheiten nun in der Zeit fern von einem liegen, dann muss man zu ihnen hingehen, um sich mit ihnen zu vereinigen. Man muss zurückgehen, man muss die Zeitenlinie abschreiten wie eine Linie im Raum, um sich mit den Wesen und Dingen vereinigen zu können. Man kann sagen, dass sich in Bezug auf die Seelenfähigkeit des Gedächtnisses die Zeit zu einer Art von Raum verwandelt, sobald man die geistige Welt betritt. Also das Gedächtnis ist für den Geistesschüler eine wesentlich neue Fähigkeit geworden. Er sieht ein vergangenes Ereignis so, wie wenn es in der Gegenwart noch da wäre, und er beurteilt die Zeit, die vergangen ist, nach der Distanz, in der es getrennt von ihm ist. So dass Sie daraus entnehmen können, dass die Vergangenheit für den Geistesschüler sich hinstellt wie etwas, was räumlich nebeneinander steht. Es ist tatsächlich, wenn diese Form des Gedächtnisses errungen ist, das Forschen in der Vergangenheit wie ein Ablesen der stehen gebliebenen Ereignisse. Man nennt dieses Ablesen der stehen gebliebenen Ereignisse das Lesen in der Akasha-Chronik. Es ist eine Welt, in der die Zeit zum Raum geworden ist. Wie man unsere Welt, in der wir leben, als die physische Welt bezeichnet, so kann man die Welt, in der die Zeit zum Raum geworden ist, als die Akasha-Welt bezeichnen.»[39]

Damit erscheint also die Zeit für den Geistesforscher wie ein geistiger Raum. Der Geistesforscher verbindet sich mit dem Bewusstsein hierarchischer Wesenheiten, für die die Zeit in geistiger Anschauung eben räumlich erscheint.

So hätten wir nun einige weitere, wesentliche, wenn auch komplexe Voraussetzungen des «Lesens in der Akasha-Chronik» zumindest so weit geklärt, dass wir den oben begonnenen Faden wieder aufgreifen können, nämlich die Frage nach der Erforschung der Geschichte ohne äußere Dokumente. Wie wir bereits gesehen haben, entsteht diese Frage vor allem dadurch, dass religiöse und esoterische Traditionen wie etwa die jüdisch-christliche, die sich auf Moses als den Begründer des Monotheismus beruft, ihrer Tradition keinerlei historische Dokumente zugrunde legen. Wenn aber keinerlei äußere Dokumente zugrunde liegen, was dann?

5. RUDOLF STEINERS ZUGANG ZUM CHRISTENTUM UND DAS «LESEN IN DER AKASHA-CHRONIK»

Im vorhergehenden Kapitel haben wir gewissermaßen einen Sprung gemacht und uns direkt in die «Akasha-Chronik» hineinversetzt, wie Rudolf Steiner sie nennt, ohne aber den Weg dorthin schon genauer begründet zu haben. Wir kommen deshalb nun auf den in Kapitel 3 entwickelten Reinkarnationsgedanken zurück und wenden uns wieder Rudolf Steiners erster Darstellung des «Lesens in der Akasha-Chronik» in dem Buch *Das Christentum als mystische Tatsache* zu.

Wir können uns nämlich die Frage stellen, warum das «Lesen in der Akasha-Chronik», das ja in der Neuzeit in ausgeprägter Form zunächst nur im Werk Rudolf Steiners vorkommt, erstmals im Zusammenhang mit dessen Beschäftigung mit der Geschichte des Christentums erscheint. In dem zuerst 1902 erschienenen Buch kann man bei ihm nicht nur den Gedanken der Wiederverkörperung erstmals ausgesprochen finden, sondern auch zum ersten Mal Ergebnisse historischer Forschung studieren, die sich explizit *nicht* auf das Studium äußerer Dokumente stützen. Steiner begründet seine Methode historisch-esoterischer Forschung in der Einleitung wie folgt:

«Man handelt nur im Sinne der Naturwissenschaft, wenn man den geistigen Werdegang des Menschen ebenso unbefangen betrachtet, wie der Naturforscher die sinnliche Welt beobachtet. Man wird dann allerdings auf dem Gebiete des Geisteslebens zu einer Betrachtungsart geführt, die sich von der bloß naturwissenschaftlichen ebenso unterscheidet wie die geologische von der bloß physikalischen, die Untersuchung der Lebensentwicklung von der Erforschung der bloßen chemischen Gesetze. Man wird zu höheren Methoden geführt, die zwar nicht die naturwissenschaftlichen sein können, aber doch ganz in ihrem Sinne gehalten sind. Dadurch wird sich manche einseitige Ansicht der Naturforschung von einem andern Gesichtspunkte aus modifizieren oder korrigieren lassen; aber man setzt damit die Naturwissenschaft nur fort; man sündigt nicht gegen sie. – Solche Methoden allein können dazu führen, in geistige Entwicklungen wie in diejenige des Christentums oder anderer religiöser Vorstellungswelten wirklich einzudringen. Wer sie anwendet, mag den Widerspruch mancher Persönlichkeit erregen, die naturwissenschaftlich zu denken glaubt: Er weiß sich aber doch in vollem Einklange mit einer wahrhaft naturwissenschaftlichen Vorstellungsart.

Auch über die bloß *geschichtliche* Erforschung der Dokumente des Geisteslebens muss ein also Forschender hinausschreiten. Er muss es gerade *wegen* seiner aus der Betrachtung des natürlichen Geschehens geschöpften Gesinnung. Es hat für die Darlegung eines chemischen Gesetzes wenig Wert, wenn man die Retorten, Schalen und Pinzetten beschreibt, die zu der Entdeckung des Gesetzes geführt haben. Aber genauso viel und genauso wenig Wert hat es, wenn man, um die Entstehung des Christentums darzulegen, die geschichtlichen Quellen feststellt, aus denen der Evangelist Lukas geschöpft hat; oder aus denen die ‹Geheime Offenbarung› des Johannes zusammengestellt ist.

Die ‹Geschichte› kann da nur der Vorhof der eigentlichen Forschung sein. Nicht dadurch erfährt man etwas über die Vorstellungen, welche in den Schriften des Moses oder in den Überlieferungen der griechischen Mysten herrschen, dass man die geschichtliche Entstehung der Dokumente verfolgt. In diesen haben doch die Vorstellungen, um die es sich handelt, nur einen äußeren Ausdruck gefunden. Und auch der Naturforscher, der das Wesen des ‹Menschen› erforschen will, verfolgt nicht, wie das *Wort* ‹Mensch› entstanden ist und wie es in der Sprache sich fortgebildet hat. Er hält sich an die Sache, nicht an das *Wort*, in dem die Sache ihren Ausdruck findet. Und im Geistesleben wird man sich an den Geist und nicht an seine äußeren Dokumente zu halten haben.»[40]

Ist es nun ein Zufall, dass Steiner die hier erstmals umrissene Methode geistiger Forschung an der Geschichte des Christentums entwickelt hat? Hängt die Ausbildung dieser Forschungsart möglicherweise mit ihrem Gegenstand zusammen? Dieser Frage wollen wir nun weiter nachgehen.

Griechenland und die Lehre vom Logos

Kommen wir noch einmal zurück auf die Erfassung der unvergänglichen Individualität des Menschen in dem bereits zitierten Kapitel über Heraklit. Dort spricht Steiner von den griechischen Weisen wie zum Beispiel *Heraklit* oder *Empedokles,* für die es gar nicht darum ging, «ob es ein Ewiges im Menschen gebe; sondern allein darum, worinnen dieses Ewige besteht und wie es der Mensch in sich hegen und pflegen kann. [...] Was kann unter solchem Gesichtspunkt für ein Menschenleben geschehen? Es kann in die magische Kreisordnung des Ewigen eingeweiht werden. Denn in ihm müssen Kräfte liegen, die das bloß natürliche Leben nicht zur Entwicklung bringt. [...] Sie zu erschließen, den Menschen dadurch dem Göttlichen anzuähnlichen: Das war die Aufgabe der Mysterien. Und das stellten sich auch die griechischen Weisen zur Aufgabe.»[41]

Eine Erkenntnis des ewigen, sich wiederverkörpernden Geistes im Menschen wollten diese Weisen erlangen. Nun beschreibt Steiner, wie die antiken Mysterien dabei vorgingen. Urbildlich wird dieser Vorgang zum Beispiel im Höhlengleichnis Platons beschrieben. In ihm wird dargestellt, wie die menschliche Seele sich vom sinnlichen Gebundensein an den Leib befreit, aus dem Kerker ihres Leibes heraussteigt zur Schau des Ewigen, Einen, Wahren und Guten, das hier im Bild der Sonne gezeigt wird, um dann wieder hinunter in den Leib zu steigen, um den anderen Menschen bei ihrer Befreiung behilflich zu sein. Letzteres muss im platonischen Gleichnis allerdings scheitern, weil die übrigen Seelen aufgrund ihrer Befangenheit gar nicht bereit sind, die Höhle zu verlassen.

Steiner macht deutlich, dass die Vereinigung mit dem Geist, die in den Mysterien die Angelegenheit nur weniger Auserwählter sein konnte, durch das Christus-Ereignis vor die ganze Menschheit hingestellt wurde, sodass die vormalige nur in den Mysterien mögliche Vereinigung mit dem Geist nun zu einer «Erkenntnis-Angelegenheit der ganzen Menschheit»[42] werden konnte. Was sich bei der Taufe am Jordan ereignete, die Geburt des Christus, des Logos in dem Ich des Jesus von Nazareth, ist für Steiner die äußere historische Verwirklichung dessen, was sich vorher nur hinter den streng bewachten Toren der Mysterien vollzogen hatte. Das heißt für ihn aber nichts anderes, als dass demjenigen, der diese Einweihung in die Mysterien kannte, der historische Vorgang, der mit dem Christus-Ereignis sich nun äußerlich sichtbar vollzogen hatte, im Hinblick auf seinen mysteriengeschichtlichen Hintergrund verständlich sein musste.

Rudolf Steiner macht im Kapitel über die griechischen Weisen, das im Zusammenhang mit dem Reinkarnationsverständnis bereits zitiert wurde, deutlich, dass er selbst von einem solchen Verständnis der menschlichen Wesenheit ausgeht, wie es in den antiken Mysterien gepflegt wurde. Daher können wir uns daraus auch seinen eigenen Zugang zum Verständnis des Christentums erklären, der eben auf der grundlegenden Erfahrung der Reinkarnation beruhte und damit auf der Einsicht in die ewige, geistige Natur des menschlichen Wesenskernes, der durch die Inkarnationen hindurch sich entwickelt.

Das «Mysterium von Golgatha»

Rudolf Steiners Zugang zum Christentum ist immer wieder Gegenstand heftigster Auseinandersetzungen gewesen, zum Beispiel im Zusammenhang mit der Veröffentlichung von *Christoph Lindenbergs* Buch *Individualismus und offenbare Religion* im Jahre 1970 und dessen Neuauflage 1995.[43]

Wie Christoph Lindenberg, so bin ich der Überzeugung, dass mit dem Buch *Das Christentum als mystische Tatsache* der Ausgangspunkt für Steiners Zugang zum Christentum gegeben ist, der sich in den auf 1902 folgenden Jahren zunehmend vertiefte. Steiners Verständnis des Christentums besteht, wie eben gezeigt, darin, dass die von ihm als «mystisch» bezeichnete Christus-Erfahrung, die ja in der christlichen Mystik und später im Pietismus durchaus nichts Außergewöhnliches war, sich nicht allein auf die höhere Natur des eigenen Menschseins bezieht, sondern zugleich auf ein historisches Ereignis der *Weltgeschichte,* das sich aber, wie die Forschung des 19. und 20. Jahrhunderts gezeigt hat, durch äußere, historische Dokumente faktisch nicht begründen lässt.

Gerade dadurch aber sieht sich Steiner umso mehr veranlasst, nach einer geistigen, übersinnlichen Begründung des Christus-Ereignisses, das er als das «Mysterium von Golgatha» bezeichnet, zu suchen: «Und wenn sich die Theologen noch so viel Mühe geben werden: Geschichte, so wie Geschichte über andere Ereignisse existiert, wird nie da sein über das Mysterium von Golgatha. Denn das soll gerade das Charakteristische sein des Mysteriums von Golgatha, dass man geschichtlich, auf dem Wege der äußeren tatsächlichen Geschichte, nichts darüber wissen soll. Wer über das Mysterium von Golgatha etwas wissen will, muss ans Übersinnliche glauben. Historisch-sinnlich lässt sich das Mysterium von Golgatha nicht beweisen.

So wie der alte Mensch ins Sinnliche geschaut hat und Übersinnliches mitbekommen hat, so soll der moderne Mensch, wenn er nicht die Erkenntnis der Persönlichkeit verlieren will, auf das

Mysterium von Golgatha als auf ein Übersinnliches hinschauen und aus dem Hinschauen auf das Übersinnliche die Überzeugung erhalten: Auch dies ist historisch geschehen, worüber keine Geschichte berichtet.»⁴⁴

Lessings Religionskritik

Dieser Zugang Steiners zum Christentum ist ideengeschichtlich betrachtet eine Weiterentwicklung der im 18. Jahrhundert durch die Aufklärung *Gotthold Ephraim Lessings* bereits errungenen Position gegenüber dem Christentum. Lessings gedankliche Erfassung der Reinkarnation hatten wir ja bereits als eine Vorstufe der Steiner'schen Reinkarnationserkenntnis betrachtet.

Lessing setzte sich in seinen religionskritischen Schriften zwischen 1773 und 1781 mit der christlichen Orthodoxie auseinander, die ihren Glauben mithilfe von Erkenntnisvorgängen, die außerhalb des Glaubens liegen, entweder mit den Mitteln historischer oder naturwissenschaftlicher Art begründen wollte. Für Lessing war aber klar, dass sich das Christentum nicht auf *äußere* Mittel der Offenbarung, also zum Beispiel auf historische Dokumente, sondern auf die feste Gewissheit des aus eigener Kraft gebildeten Gedankens stützen muss. Er folgte dabei *Gottfried Wilhelm Leibniz* (1646–1716), der – wie Lessing selber – Bibliothekar in der Herzog-August-Bibliothek von Wolfenbüttel gewesen war. Der Anlass waren Leibniz' *Nouveaux Essais,* die zwar bereits 1704 in der Auseinandersetzung mit dem englischen Empirismus entstanden waren, aber erst 1765 erschienen. Darin hatte Leibniz die Unabhängigkeit des religiösen Empfindens von allen äußeren Dokumenten postuliert. Lessing folgend könnte man etwa sagen: «Das, was mich unbedingt angeht, kann mich nur in der Form einer Vergewisserung erreichen, die von derselben Qualität ist wie das für sie zuständige Aufnahmeorgan. […] Eine notwendige Vernunftwahrheit, die etwas unbedingt mich Angehendes ist,

[…] kann mir nicht auf dem Wege einer zufälligen historischen Wahrheit zuteil werden, sondern muss selbst die Qualität des intelligiblen Ich besitzen. […] Dass Gott in die Geschichte eingeht, bedeutet nicht, dass er ein Gegenstand unter anderen historischen Gegenständen würde und dass er demzufolge in Analogie zu diesen anderen Gegenständen auch von mir erkannt werden könnte. […] Ich erfahre die Offenbarung nicht aus dem vorgegebenen Wesen der Geschichte, sondern ich erfahre das Wesen der Geschichte aus der Offenbarung.»[45]

Wie im Kapitel über die Reinkarnation dargestellt, hatte bereits Lessing erkannt, dass das Wesen der Geschichte darin besteht, dass das einzelne intelligible Ich sich in dieser wiederverkörpert. Insofern fehlte als Brücke zu einem erkenntnismäßigen Zugang zum christlichen Kern der Geschichte nur noch die *Erfahrung* der Reinkarnation, die er als Vernunftwahrheit bereits entdeckt hatte. Lessings Einsicht, dass sich das Christentum nicht auf äußere, historische Dokumente stützen könne, wie sie ja dann im 19. Jahrhundert durch die historisch-kritische Forschung bestätigt worden ist, bedeutet für ihn nicht den Ausverkauf des christlichen Glaubens, sondern eine Erhöhung desselben, da dieser sich hinfort nur noch auf die innere Selbstgewissheit stützen konnte. Diese ist für ihn aber durch den Reinkarnationsgedanken getragen.

Lessing geht es also nicht um eine *objektive,* von außen gestützte Wahrheit, sondern um eine *existenzielle* Wahrheit, zu der man sich in leidenschaftlicher Innerlichkeit verhält. Dafür steht auch die «Ringparabel» aus Lessings *Nathan der Weise:* «Die Gewissheit darüber, welches der echte unter den drei Ringen sei, lässt sich objektiv nicht ausmachen. Das liegt daran, dass die hier infrage stehende Wahrheit streng genommen überhaupt kein objektiver Befund, sondern ein mich ergreifendes Ereignis ist. Das Wesen des echten Ringes besteht nämlich nicht in seiner dinglichen Vorfindlichkeit, sondern in seiner Fähigkeit, etwas zu bewirken und in meinem Leben zu vollziehen: ‹mich vor Gott und Menschen angenehm zu machen›. Diese seine Fähigkeit ist objektiv nicht zu diagnostizieren, sondern ist nur daran zu erkennen, dass ich mich seiner Wirksamkeit aussetze und mit ihm ‹kooperiere›.»[46]

Die Wirksamkeit Spinozas

Erst durch die Veröffentlichung eines Gesprächs, das *Friedrich Heinrich Jacobi* (1743–1819) mit Lessing kurz vor dessen Tod geführt hatte, wurde allgemein bekannt, dass sich Lessing ganz zum *Spinozismus* und dessen intuitiver Erkenntnis, einer inneren Wesenserkenntnis der Dinge, bekannt hatte.[47] So ist Lessings Religionsauffassung also letztlich durch *Spinozas* Erkenntnisbegriff geprägt. Diese spinozistische Religionsauffassung Lessings wurde durch das Gespräch mit Jacobi zum Vorbild für *Herder, Goethe* und *Schiller*, aber auch für *Fichte, Schelling* und *Hegel* und prägte das geschichts- und religionsphilosophische Denken des Zeitalters des Deutschen Idealismus. Sie wurde aber auch zum Vorbild des existenzialistischen Denkens *Søren Kierkegaards* (1813–1855). Danach ist für mich etwas nicht dann wahr, wenn es *objektiv*, außerhalb meiner existiert, sondern dann, wenn ich mich ihm gegenüber angemessen verhalte, «wenn ich in der Wahrheit *bin*.»[48]

Die nicht nur von Lessing erwartete «Zeit eines *neuen, ewigen Evangeliums*», das nach *Joachim von Fiore*[49] so genannte *Zeitalter des Heiligen Geistes*,[50] bezeichnet eine neue Form der Erkenntnis des Christentums, die deutlich als geistiger Vorläufer von Steiners hier nun zu betrachtendem Zugang zum Christentum angesehen werden kann. Ohne dass Steiner sich explizit auf die auf Spinoza zurückgehende Tradition der Aufklärung Lessings und der ihm folgenden Denker stützen würde, vollendet er das Projekt der Aufklärung, einer Selbstvergewisserung der Offenbarungsinhalte.

Philo von Alexandrien – ein Vorläufer um die Zeitenwende

Nehmen wir, um Steiners Ansatz besser zu verstehen, zwei Zitate aus *Das Christentum als mystische Tatsache,* die diesen verdeutlichen können. Sie stehen beide im Zusammenhang mit der historischen Entwicklung des frühen Christentums:

«Der Mysterientempel, in dem Philo[51] seine Weihen sucht, ist einzig und allein sein eigenes Innere und dessen höhere Erlebnisse selbst. Durch Prozesse rein geistiger Art ersetzt er die Prozeduren, die sich in den Mysterienstätten abspielen. Das Sinnesanschauen und die logische Verstandeserkenntnis führen, nach seiner Überzeugung, nicht zum Göttlichen. Sie haben es nur mit dem Vergänglichen zu tun. Aber es gibt für die Seele einen Weg, sich über diese Erkenntnisarten zu erheben. Sie muss aus dem heraustreten, was sie ihr gewöhnliches ‹Ich› nennt. Sie muss diesem ‹Ich› entrückt werden. Dann tritt sie in einen Zustand spiritueller Erhöhung, Erleuchtung ein, in dem sie nicht mehr im gewöhnlichen Sinne weiß, denkt und erkennt. Denn sie ist mit dem Göttlichen verwachsen, mit ihm ineinander geflossen.»[52] Dieses Göttliche, mit dem die Seele sich hier vereint, wird von Philo als der *Logos* bezeichnet und erfahren, der sich zugleich in allen sinnlichen Erscheinungen ausgebreitet von seiner Außenseite her zeigt.

Nun fügt Steiner dieser mystischen Logoserfahrung aber eine weitere Dimension hinzu, allerdings erst in der zweiten Auflage von 1910, die er um das abschließende Kapitel über *Augustinus* ergänzt hat:

«Des Augustinus Vorstellungsart sagte ihm, dass mit dem Christus-Ereignisse andere Verhältnisse für die nach dem Geist suchende Seele eingetreten waren, als sie vorher bestanden hatten. Für ihn stand fest, dass in dem Christus Jesus dasjenige in der äußeren geschichtlichen Welt sich geoffenbart hat, was der Myste durch die Vorbereitung in den Mysterien suchte. Einer seiner bedeutsamen Aussprüche ist: ‹Was man gegenwärtig die christliche

Religion nennt, bestand schon bei den Alten und fehlte nicht in den Anfängen des Menschengeschlechtes, bis Christus im Fleische erschien, von wo an die wahre Religion, die schon vorher vorhanden war, den Namen der christlichen erhielt.› Für eine solche Vorstellungsart waren zwei Wege möglich. Der eine ist der, welcher sich sagt, wenn die menschliche Seele diejenigen Kräfte in sich ausbildet, durch welche sie zur Erkenntnis ihres wahren Selbst gelangt, so wird sie, wenn sie nur weit genug geht, auch zur Erkenntnis des Christus und alles dessen kommen, was mit ihm zusammenhängt.»[53]

Was meint Steiner an dieser Stelle, wenn er sagt: «was mit ihm zusammenhängt»? Ist damit nicht die Menschheitsgeschichte gemeint? Heißt dies, dass Rudolf Steiner ausgehend von dieser Erkenntnisart von 1902 an auch Aussagen über die geschichtliche Entwicklung der Menschheit machen kann, die sich nicht auf äußere historische Dokumente, sondern auf die übersinnliche Erkenntnis der Geschichte stützen, was gleichbedeutend ist mit der übersinnlichen Erkenntnis der Christus-Wesenheit? Die Erkenntnis des «Mysteriums von Golgatha», über die Rudolf Steiner sich auch im 26. Kapitel seiner Autobiografie *Mein Lebensgang* so bedeutsam ausspricht,[54] war nicht nur eine mystische Erfahrung im Hinblick auf die höhere Natur des Menschen, sondern sie enthüllte Stück für Stück den übersinnlichen Zugang zur Weltgeschichte und damit zu den Quellen der Menschheitsentwicklung überhaupt: «Ich fand das Christentum, das ich suchen musste, nirgends in den Bekenntnissen vorhanden. Ich musste mich [...] selber in das Christentum versenken, und zwar in der Welt, in der das Geistige darüber spricht. [...] Was im *Christentum als mystische Tatsache* an Geist-Erkenntnis gewonnen ist, das ist aus der Geistwelt selbst unmittelbar hervorgeholt. Erst um Zuhörern beim Vortrag, Lesern des Buches den Einklang des geistig Erschauten mit den historischen Überlieferungen zu zeigen, nahm ich diese vor und fügte sie dem Inhalte ein. Aber nichts, was in diesen Dokumenten steht, habe ich diesem Inhalte eingefügt, wenn ich es nicht *erst* im Geiste vor mir gehabt habe.»[55]

Der Zusammenhang der übersinnlichen Erfahrung des Christentums mit der übersinnlichen Erkenntnis der Geschichte, die Steiner ab 1904 als das «Lesen in der Akasha-Chronik» bezeichnet, wird in dem 1902 zuerst erschienenen *Christentum als mystische Tatsache* zunächst, vor allem wenn man die Erstauflage nimmt, nur zwischen den Zeilen sichtbar. Nimmt man die Neuauflage von 1910, dann wird dort durch Ergänzungen wie die oben zitierte schon manches deutlicher. Durch Hinzuziehen von Vorträgen, vor allem über das Johannes-Evangelium, wird der Zusammenhang aber vollends einsichtig.

Das Johannes-Evangelium

Im Kasseler Zyklus zum Johannes-Evangelium von 1909 wird dieser Zusammenhang klar ausgesprochen: «Was man so Erweckung, Wiedergeburt, Initiation nennt, das ist das größte Ereignis der menschlichen Seele auch nach der Ansicht derjenigen, die sich Bekenner des Rosenkreuzes nannten. Sie wussten, dass mit diesem Ereignis der Wiedergeburt des höheren Ich, das auf das niedere Ich herabschauen kann, wie der Mensch auf die äußeren Gestalten schaut, das Ereignis des Christus Jesus zusammenhängen muss. [...] Was für den einzelnen Menschen ein inneres, wie man sagt, mystisch-geistiges Ereignis ist, was er als die Geburt seines höheren Ich erleben kann, das ist in der Außenwelt, in der Geschichte, mit dem Ereignis von Palästina durch den Christus Jesus für die ganze Menschheit eingetreten. [...] Dasjenige, was in jeder Menschenseele als das höhere Ich geboren werden kann, das weist uns hin auf die Wiedergeburt des göttlichen Ich in der Entwicklung der ganzen Menschheit durch das Ereignis von Palästina. Wie in jedem einzelnen Menschen das höhere Ich geboren wird, so wird in Palästina das höhere Ich der ganzen

Menschheit, das göttliche Ich geboren, und es wird erhalten und weiterentwickelt in dem, was sich hinter dem Zeichen des Rosenkreuzes verbirgt.»[56]

Das bedeutet für Steiner aber auch, dass mit der Erkenntnis des Christus-Ereignisses zugleich ein Zugang zur übersinnlichen Erkenntnis der Geschichte der Menschheit gegeben ist, denn die Menschheitsentwicklung ist durch dieses Ereignis verbunden mit dem, was Steiner von nun an den «Christus-Impuls» nennt. Was sich vorher nur auf den einzelnen Menschen und sein höheres geistiges Wesen beziehen ließ, lässt sich durch den Christus-Impuls nun auf die ganze Menschheit und damit auf die Menschheitsgeschichte beziehen. Es ist der Punkt gefunden, an dem mystisches Erleben der eigenen höheren Wesenheit zusammenfällt mit einem ganz besonderen Ereignis der Weltgeschichte. Innere Schau und äußere Geschichte kommen sozusagen zur Deckung.

Am tiefsten hat sich der esoterische Zusammenhang zwischen äußerer Geschichte und innerer mystischer Erfahrung des Christentums in jener Quelle ausgedrückt, deren Verfasser eine unmittelbare Erfahrung des Christus durch seine von diesem selbst vollzogene Einweihung hatte. Gemeint ist das *Johannes-Evangelium,* das Rudolf Steiner auf jene Individualität des *Lazarus-Johannes* zurückführt.[57] Deshalb wird das Johannes-Evangelium für Rudolf Steiner zur ersten Referenz, wenn es um die esoterische Erfahrung des Christentums geht, und deshalb steht das «Lazarus-Wunder» ebenso wie im *Johannes-Evangelium* auch im *Christentum als mystische Tatsache* an zentraler Stelle.

Der «Große Hüter der Schwelle» und der Abstieg in die «Höhle»

Vorchristlich ließ sich die innere Schau nur auf ein kosmisches Wesen beziehen. Vom Erscheinen des Christus in einem Menschenleib an bezieht sie sich auf die irdische Geschichte. Während die Umwandlung des Menschen in den vorchristlichen Mysterien nur im Hinblick auf die jeweils eigene Geistwesenheit vollzogen werden konnte, lässt sich eine vergleichbare Entwicklung nun auf die Menschheit als Ganzes beziehen. Diese besondere Charakteristik kennzeichnet von nun an den von Steiner als «christlich-rosenkreuzerisch» bezeichneten Einweihungsweg. In den Aufsätzen *Wie erlangt man Erkenntnisse der höheren Welten?*, die später in Buchform erschienen sind, bringt Steiner dies im Kapitel *Der große Hüter der Schwelle* zum Ausdruck. Hierin beschreibt er jenen bereits erwähnten «Scheitelpunkt» des Einweihungsweges, an dem es darum geht, die eigene Befreiung, die eigene Erkenntnis des Höheren im Menschen für die Menschheitsentwicklung als Ganzes fruchtbar zu machen: «Bisher hast du nur dich selbst erlöst, nun kannst du als ein Befreiter alle deine Genossen in der Sinneswelt mitbefreien. Als Einzelner hast du bis heute gestrebt; nun gliedere dich ein in das Ganze, damit du nicht nur dich mitbringst in die übersinnliche Welt, sondern alles andere, was in der sinnlichen vorhanden ist.»[58]

Man kann diesen Punkt des Einweihungsweges jenem Scheitelpunkt vergleichen, der im platonischen Höhlengleichnis dem Abstieg zurück in die Höhle entspricht, wo der Befreite dann allerdings auf das Problem stößt, dass die Untengebliebenen ihn nicht ernst nehmen und verlachen. Dennoch fühlt sich der Befreite dazu aufgerufen, auch die anderen, noch Gefesselten von ihren Fesseln zu lösen, was diese allerdings ablehnen:

«Wenn ein solcher wieder hinunterkäme und sich wieder auf seinen Platz setzte: Würde er da nicht die Augen voll Finsternis bekommen, wenn er plötzlich aus dem Sonnenlicht käme?

Ja, ganz sicherlich, sagte er.

Aber wenn er nun, während sein Blick noch verdunkelt wäre, wiederum im Erraten jener Schattenwelt mit jenen ewig Gefangenen wetteifern sollte, und zwar ehe seine Augen wieder zurechtgekommen wären – und die zu dieser Gewöhnung erforderliche

Zeit dürfte nicht ganz klein sein –: Würde er da nicht ein Gelächter veranlassen, und würde es nicht von ihm heißen, weil er hinaufgegangen wäre, sei er mit verdorbenen Augen zurückgekommen, und es sei nicht der Mühe wert, nur den Versuch zu machen, hinaufzugehen? Und wenn er sich gar erst unterstände, sie zu entfesseln und hinaufzuführen, – würden sie ihn nicht ermorden, wenn sie ihn in die Hände bekommen und ermorden könnten?

Ja, gewiss, antwortete er.»[59]

Zugleich wird an der zitierten Stelle aus dem Kapitel über den *Großen Hüter der Schwelle* auch der Zusammenhang mit der übersinnlichen Geschichtserkenntnis deutlich, wenn es dort heißt: «Als einzelner Befreiter möchtest du immerhin schon heute in das Reich des Übersinnlichen eingehen. Dann aber würdest du hinabschauen müssen auf die noch unerlösten Wesen der Sinnenwelt. Und du hättest dein Schicksal von dem ihrigen getrennt. Aber ihr seid alle miteinander verbunden. Ihr musstet alle hinabsteigen in die Sinnenwelt, um aus ihr heraufzuholen die Kräfte für eine höhere. Würdest du dich von ihnen trennen, so missbrauchtest du die Kräfte, die du doch nur in Gemeinschaft mit ihnen hast entwickeln können. Wären sie nicht hinabgestiegen, so hättest auch du nicht können; ohne sie fehlten dir die Kräfte zu deinem übersinnlichen Dasein. Du musst diese Kräfte, die du *mit* ihnen errungen hast, auch mit ihnen teilen.»[60]

Das heißt nichts anderes als: «Schau auf die Menschheitsgeschichte hin, du hast dich im Laufe deiner Inkarnationen gemeinsam mit anderen Menschen entwickelt. Ohne sie hättest du dich nicht dahin entwickeln können, wo du heute stehst. Nun diene der Menschheit durch deine weitere Entwicklung, diene der *Geschichte!*» Der Eingeweihte lernt an dieser Stelle den Zusammenhang seiner eigenen Entwicklung mit der Menschheitsentwicklung, das heißt mit der Menschheitsgeschichte kennen. Ganz im Sinne von Lessings Idee einer «Erziehung des Menschengeschlechts» wird hier auf die Entwicklung der Menschheit durch die Reihe ihrer Inkarnationen hingeblickt.

Aus diesem Zusammenhang wird auch deutlich, warum es zur übersinnlichen Geschichtserkenntnis keiner äußeren Dokumente bedarf, geht es hier doch darum, die Motive der *inneren* Entwicklung der Menschheit aufzusuchen. Dieser Zusammenhang wird nun in der folgenden Schilderung Rudolf Steiners ersichtlich, die sich ebenfalls auf den schon betrachteten «Scheitelpunkt» des Einweihungsweges bezieht: «Auf das also, was der Mensch eigentlich ist als Erdenmensch, auf seinen Ich-Menschen sieht man erst auf dieser Stufe herunter. Man ist aber da zugleich entrückt in eine noch höhere Welt, die man das höhere Geisterland oder – wenn man will – die höhere Mentalwelt nennen kann, eine etwas von den anderen verschiedene. Da ist man darinnen, wenn man das Ich zwiegespalten fühlt und das gewöhnliche Ich nur noch als Erinnerung fühlt. Da hat man erst die Möglichkeit, in richtiger Weise den Menschen auf der Erde zu beurteilen. Wenn man von dort zurückschaut, fängt man an zu wissen, was der Mensch seiner tiefsten Wesenheit nach ist. Da bekommt man auch die Möglichkeit, ein erlebtes Urteil zu gewinnen über den Verlauf der Geschichte. Da gliedert sich einem die erlebte Menschheitsentwicklung in den Fortgang der Seelen als Ich-Wesen, da ragen heraus aus dem gewöhnlichen Fortgange die Wesen, welche die führenden im Fortgang der Menschheit sind.»[61]

«Lesen in der Akasha-Chronik» und der Weg «nach unten»

Daraus wird nun aber auch das Folgende deutlich: Die Entwicklung der Erkenntnis höherer Welten, wie sie von Steiner in *Wie erlangt man Erkenntnisse der höheren Welten?* beschrieben wurde, führt zu einem Scheitelpunkt, an dem der Zusammenhang der Entwicklung des Einzelnen mit der aller anderen Menschen erkannt wird, also mit der gesamten Menschheitsentwicklung und somit der Menschheitsgeschichte. Auf sie lernt er von diesem Punkt aus hinzublicken. Seine Schilderungen der Geschichte begleiten seinen «Abstieg nach unten».

Deshalb erstaunt es auch nicht, dass gleichzeitig mit dem Erscheinen von Rudolf Steiners Aufsätzen über die Erkenntnis höherer Welten die Aufsätze *Aus der Akasha-Chronik* geschrieben wurden und in der Zeitschrift *Lucifer-Gnosis* erschienen. In dem einleitenden Aufsatz heißt es dazu: «Wer sich die Fähigkeit errungen hat, in der geistigen Welt wahrzunehmen, der erkennt da die verflossenen Vorgänge in ihrem ewigen Charakter. Sie stehen vor ihm nicht wie die toten Zeugnisse der Geschichte, sondern in vollem *Leben*. Es spielt sich vor ihm in einer gewissen Weise ab, was geschehen ist.

Die in das Lesen solcher lebenden Schrift eingeweiht sind, können in eine weit fernere Vergangenheit zurückblicken als in diejenige, welche die äußere Geschichte darstellt; und sie können auch – aus unmittelbarer geistiger Wahrnehmung – die Dinge, von denen die Geschichte berichtet, in einer weit zuverlässigeren Weise schildern, als es dieser möglich ist.»[62]

Das Überschauen der Menschheitsgeschichte unter dem Aspekt ihrer Entwicklung ist nichts anderes als das «Lesen in der Akasha-Chronik», um das es uns hier in diesem Buch geht.

Akasha-Chronik und Geheimwissenschaft – Fichtes Wissenschaftslehre

An dieser Stelle können wir nun auch die Frage beantworten, warum Rudolf Steiner die Aufsätze *Aus der Akasha-Chronik* nie hat als Buch erscheinen lassen. Vergleicht man seine Darstellung etwa der alten Atlantis in diesen Aufsätzen mit jener in der *Geheimwissenschaft,* so fällt sofort auf, dass er in der *Geheimwissenschaft* praktisch keinerlei äußere Details mehr beschreibt. Dagegen treten jetzt (1909) noch viel mehr als in den Aufsätzen von 1904 bis 1907 die inneren, seelisch-geistigen Motive stärker in den Vordergrund. Warum?

Beim «Lesen in der Akasha-Chronik» geht es nicht um die Darstellung der äußeren Geschichte, nicht um ein «Schlachtenbuch», sondern um das Erfassen der seelisch-geistigen Entwicklung der menschlichen Individualität, um das *Ich*. So wie die Grundgeste anthroposophischer Geisteswissenschaft das *Sich-selbst-Erfassen* des Ich ist, so hat sie bei der Darstellung der Akasha-Chronik die *Entwicklung dieses Ich* zum Inhalt. Geisteswissenschaft in dem Sinne, wie von Steiner bereits in der Einleitung zu *Das Christentum als mystische Tatsache* angekündigt, ist die *Wissenschaft des Ich*, und die Akasha-Chronik zeigt die Entwicklungsgeschichte dieses Wesens auf, in deren Zentrum die Geburt des Christus als Menschheits-Ich erblickt werden kann.

Daher nimmt es auch nicht Wunder, dass Rudolf Steiner bei seiner eigenen Entwicklung von *Fichtes Wissenschaftslehre* ausgegangen ist, wie er in autobiografischen Schilderungen mehrfach betont.[63] Denn in Fichtes Wissenschaftslehre werden *die Entwicklungsstufen des Ich* in reinster gedanklicher Form in unübertroffener Weise vorgeführt. Durch die Verbindung der *Reinkarnationserfahrung* mit dem «Mysterium von Golgatha» wird ihm die Darstellung der Entwicklungsgeschichte des Ich anhand der Akasha-Chronik konkret möglich. Schon 1903 kann er daher in Anknüpfung an Blavatsky das «Programm» dieser Darstellungen ankündigen, die dann, wie wir noch sehen werden, in der Schilderung eines «fünften Evangeliums» 1913 ihren vorläufigen Höhepunkt finden und die mit der Weihnachtstagung 1923 in die *Weltgeschichte in anthroposophischer Beleuchtung* münden:

«Durch die Begründerin der ‹Theosophischen Gesellschaft›[64] ist uns die ‹Geheimlehre› geschenkt worden, in welcher nach zwei Seiten hin die Grundlage gelegt wird für eine Lösung der großen Rätselfragen des Daseins. In einer umfassenden Weltentstehungslehre (Kosmogenesis) wird der Plan gezeigt, nach dem sich aus den geistigen Urmächten des Universums heraus der Schauplatz entwickelt hat, auf dem der Mensch seinem irdischen Wandel obliegt. Aus einem zweiten Bande (Anthropogenesis) ersehen wir, welche Stufen der Mensch selbst durchgemacht hat, bis er zu einem Glied der gegenwärtigen Rasse[65] geworden ist. Es wird von der Entwicklung der theosophischen Bewegung abhängen, davon, wann sie einen gewissen Zustand der Reife erlangt haben wird, in welcher Zeit uns dieselben geistigen Kräfte, die uns die großen Wahrheiten der ersten beiden Bände beschert haben, uns auch den dritten geben werden. Dieser wird die tieferen Gesetze für das enthalten, was uns, *der Außenseite nach*, die sogenannte ‹Weltgeschichte› bietet. Er wird sich mit der ‹okkulten Geschichtsforschung› beschäftigen.»[66]

Bei dem, was Rudolf Steiner ab 1903 als Akasha-Chronik dargestellt hat, handelt es sich also um dieses «dritte Buch», das die «Innenseite», die Ich-Entwicklung der Menschheit zeigt. Um das zu erreichen, bedurfte es aber gewissermaßen eines «Anlaufs», um tatsächlich zu der Qualität der inneren Schilderung zu kommen. So dürfen also die 1904 bis 1907 publizierten und zu Steiners Lebzeiten nie in Buchform erschienenen Aufsätze *Aus der Akasha-Chronik* als ein solcher «Anlauf» betrachtet werden, der durch das 1909 publizierte Werk *Die Geheimwissenschaft im Umriss* überholt wurde.

Zusammenschau

Blicken wir auf das bisher Dargestellte noch einmal zurück. Wir waren bei der Frage nach dem «Lesen in der Akasha-Chronik» ausgegangen vom Gegensatz von Erinnerung und Geschichte. Die Erinnerung erschien als das Lebendige, durch unsere eigene Identität Verbürgte und Erlebte. Geschichte erschien als das äußerlich Dokumentierte, aber auch Verblasste, Tote. Die Entwicklung der «Erkenntnis höherer Welten» führt nicht nur hin zur Einsicht in das eigene höhere Wesen, sondern zugleich zur Erkenntnis des Ursprungs dieses höheren Wesens in seiner Verbindung mit der Wesenheit, die in der christlichen Tradition als Christus bezeichnet wird. Durch die Christuserkenntnis wird die übersinnliche Schau mit der irdischen Geschichte verbunden. In der Begegnung mit dem «großen Hüter der Schwelle» erscheint die weitere Entwicklung des nunmehr Eingeweihten nur dann möglich, wenn sie sich mit der Menschheitsentwicklung verbindet, das heißt mit dem Schicksal, der Geschichte der Menschheit als Ganzes. Damit wird das «Lesen in der Akasha-Chronik» zu einem «Lesen im Schicksalsbuch der Menschheit».

So wie zum Erfassen des eigenen Ich auf der Stufe des Alltagsbewusstseins die gewöhnliche Erinnerungsfähigkeit und das gewöhnliche Gedächtnis gehören, so gehört zum Erfassen des «höheren Ich», die zur Erkenntnis der Christus-Wesenheit hinführt, auch eine höhere Form der Erinnerung und dementsprechend ein umfassenderes Gedächtnis.

Die Überwindung des Todes: Lazarus

Wir müssen nun, bevor wir zur Evolution von Gedächtnis und Erinnerung kommen, noch auf etwas Wesentliches hinweisen, das bei der bisherigen Schilderung im Zusammenhang mit der Bewusstseinsveränderung des Geistesforschers im Hinblick auf das «Lesen in der Akasha-Chronik» im Hintergrund geblieben ist: Das Bewusstsein des Geistesforschers könnte in der Welt, in der er die Zeit wie einen Raum zu erleben beginnt, in der also das *Vergängliche* der Zeit überwunden ist, nicht erwachen, wenn es eben den Grundcharakter des Vergänglichen, den Tod, nicht überwunden hätte. Das heißt aber nichts anderes, als dass dieses Bewusstsein durch den Tod hindurchgegangen sein muss. Auf dieses Erlebnis weisen ja auch alle Schilderungen von Einweihung in den alten Mysterien hin, dass nämlich der Einzuweihende in einen todesähnlichen Zustand hineinversetzt wurde.

Nun zeigen uns heute die sogenannten Nahtoderlebnisse, was im Moment des Todes eintritt. Der vorübergehend Tote sieht nämlich in diesem Moment sein bisheriges Leben wie räumlich, in der Art eines Tableaus vor sich. Alle zeitlichen Ereignisse stehen in einem Moment *gleichzeitig* vor ihm. Das heißt aber, dass sich im Moment des Todes das Verhältnis zur Zeit vollkommen verändert.

Diese Veränderung macht nun auch der Eingeweihte durch. Eine Schilderung dieses Erlebnisses finden wir auch bei Rudolf Steiner im bereits zitierten Kapitel in *Wie erlangt man Erkenntnisse der höheren Welten?* über den *Großen Hüter der Schwelle* – dieses trägt ja den Titel *Leben und Tod*. *Der große Hüter der Schwelle:* «Betritt der Geheimschüler die übersinnliche Welt, dann erhält das Leben für ihn einen ganz neuen Sinn, er sieht in der sinnlichen Welt den Keimboden für eine höhere. Und in einem gewissen Sinne wird ihm diese ‹höhere› ohne die ‹niedere› als eine mangelhafte erscheinen. Zwei Ausblicke eröffnen sich ihm. Der eine in die Vergangenheit, der andere in die Zukunft.»[67]

Indem der Eingeweihte die übersinnliche Welt betritt, lernt er den Wert der sinnlichen Welt erst wirklich kennen. Er schaut zurück in eine Vergangenheit der Menschheit, in der diese sinnlich noch nicht vorhanden war. Er lernt dabei aber auch, dass sich diese rein übersinnliche Welt der Vergangenheit nicht hätte weiterentwickeln können, wenn sie nicht in die sinnliche Sichtbarkeit hinabgestiegen wäre. Dadurch erst war es möglich, den drohenden Stillstand der gesamten Evolution zu überwinden. Erst der Wechsel zwischen einer Entwicklung im Sinnlich-Sichtbaren und einer Entwicklung im Übersinnlichen, der Wechsel von *Geburt und Tod* machte die Weiterentwicklung möglich.

Das war auch der Inhalt der alten Mysterien, denn nichts anderes schildern uns zum Beispiel die Beschreibungen der Mysterien von Eleusis, deren hauptsächlicher Inhalt der Mythos von *Demeter und Persephone* war. Dieser Mythos beschreibt die Entführung der *Persephone* durch Hades. Und das Ergebnis ihrer Befreiung aus dem Reich des Todes ist ein beständiger Wechsel zwischen einem Leben in der diesseitigen und einem in der jenseitigen Welt. Der Wechsel von Geburt und Tod, von Leben und Sterben wird für den Eingeweihten zur Erfahrung. Dadurch aber kommt er in das besagte neue Verhältnis zur Zeit.

Nun hat sich aber die beschriebene Mysterienerfahrung, wie sie etwa in Eleusis gemacht wurde, verändert. Und diese veränderte Erfahrung war es, die auch Rudolf Steiner gemacht haben muss. Er schildert sie in dem bereits zitierten Werk *Das Christentum als mystische Tatsache* im Kapitel über das *Lazarus-Wunder*. Und nach allem bisher Dargestellten über den Zugang Rudolf Steiners zum Christentum dürfen wir davon ausgehen, dass es sich bei dieser Schilderung nicht um eine Textinterpretation handelt, denn dann würde sich Steiner ja auf das äußere Dokument des Johannes-Evangeliums stützen. Nein, wir müssen nach allem, was wir bisher über den eigentümlichen Zugang Steiners zum Christentum, der im Ansatz bereits bei Lessing auftaucht, gesagt haben, davon ausgehen, dass die hier gemachten Aussagen auf eigenen Erfahrungen des Eingeweihten beruhen:

«Was wäre denn besonders an einem Menschen, der vom Tode auferstanden ist, wenn er nach der Auferstehung derselbe wäre wie vor dem Sterben? Ja, was hätte es für einen Sinn, wenn das Leben eines solchen Menschen [Lazarus ist gemeint] bezeichnet würde mit den Worten: ‹Ich bin die Auferstehung und das Leben›? Sofort kommt Leben und Sinn in Jesu Worte, wenn wir sie als den Ausdruck eines geistigen Ereignisses und dann in gewisser Weise sogar *wörtlich* so verstehen, wie sie im Texte sind. Jesus sagt doch: Er sei die Auferstehung, die an Lazarus geschehen ist; und er sei das *Leben*, das Lazarus lebt. Man nehme doch *wörtlich*, was Jesus im Johannes-Evangelium ist. Er ist das ‹Wort, das

Fleisch geworden ist›. Er ist das Ewige, das im Urbeginne war. Ist er wirklich die Auferstehung: dann ist das ‹Ewige, Anfängliche› in Lazarus auferstanden.»[68]

Wir haben es in dieser Schilderung Steiners mit der Schilderung der ersten *christlichen Einweihung* zu tun. Und das in dem Kapitel über den *Großen Hüter der Schwelle* Geschilderte kann somit als ein Abbild dieser Erfahrung verstanden werden. Die moderne Mysterienerfahrung, wie sie uns Steiner in den beiden Büchern *Das Christentum als mystische Tatsache* und *Wie erlangt man Erkenntnisse der höheren Welten?* beschrieben hat, führt zur Erfahrung des *Ewigen, das im Urbeginne war*.

Die Evangelien als Urkunden aus der Akasha-Chronik

Noch einmal wird hier deutlich, warum für Rudolf Steiner das «Lesen in der Akasha-Chronik» mit dem Buch *Das Christentum als mystische Tatsache* beginnt, ja beginnen muss. Es ist die Christus-Erfahrung, die als Durchgang durch den Tod zugleich die Natur des Ewigen und damit den Überblick über die Akasha-Chronik eröffnet. Und das Studium der diesbezüglichen Dokumente, der Evangelien, insbesondere des Johannes-Evangeliums, macht zugleich auch deutlich, dass die Schreiber dieser Evangelien, insbesondere aber Johannes, ebenfalls in der Akasha-Chronik zu lesen vermochten. Die Evangelien selbst sind das Ergebnis einer christlichen Einweihung, wie sie erstmals mit dem Lazaruswunder beschrieben wurde: «Es ist also gegenüber den Urkunden ein völlig freier Standpunkt, den die Geistesforschung einnimmt. Gerade darum aber wird sie die eigentliche Richterin sein über das, was in den Urkunden vorkommt. Wenn uns aber in den Urkunden das Gleiche entgegentritt, was wir in der Akasha-Chronik selbst zu verfolgen in der Lage sind, dann ergibt sich für uns, dass diese Urkunden wahr sind, und ferner, dass sie jemand geschrieben haben muss, der auch in die Akasha-Chronik zu schauen vermag.»[69]

Dadurch wird verständlich, warum Rudolf Steiner besonders das Johannes-Evangelium so sehr schätzte: Weil es der ersten christlichen Einweihung entsprungen ist und weil es damit ein Urbild für das «Lesen in der Akasha-Chronik» ist.

Punkt- und Umkreisbewusstsein

Schauen wir abschließend noch unter einem weiteren Gesichtspunkt auf die Verwandlung des Bewusstseins des Eingeweihten im Hinblick auf das «Lesen in der Akasha-Chronik»: Unser irdisches Bewusstsein ist geprägt von einem «Punktbewusstsein». Wir erleben uns im Mittelpunkt unserer Welt, unserer Erfahrungen, und alles, was in der Zeit geschieht, erleben wir außer uns, im Umkreis. Wir beziehen alle unsere Erfahrungen auf uns als Mittelpunkt. Das übersinnliche Bewusstsein aber wird genau umgekehrt erlebt: Dort befindet man sich nicht im Zentrum, sondern im Umkreis und blickt auf sich selbst wie von außen aus der Peripherie. Man hat ein «Umkreisbewusstsein», man überschaut die zeitlichen Ereignisse wie räumlich auf einem Tableau. Das ist die Verwandlung, die mit dem Eingeweihten vor sich geht. Er ist nun in der Lage, zwischen dem Punkt- und dem Umkreisbewusstsein hin und her zu wechseln. Und der «Tod» besteht darin, das Punktbewusstsein aufzugeben, um im Umkreisbewusstsein zu erwachen.

Das Lazaruswunder beschreibt nichts anderes als die Erweckung eines Menschen zu diesem Umkreisbewusstsein durch ein geistiges Wesen, das gewissermaßen dieses Umkreisprinzip total verkörpert. Es wurde vorchristlich als «Sonnenwesen», als die «Sonne» schlechthin erfahren. Im Christus Jesus ist dieses Sonnenwesen im «Fleisch» erschienen. Lazarus wird durch dieses Wesen selbst aus dem Tod zum Leben erweckt. Er lernt den Sinn von Leben und Sterben auf neue Weise kennen. Und diese Erfahrung ist es, die Steiner uns in den bereits zitierten Worten beschreibt: «Betritt der Geheimschüler die übersinnliche Welt, dann erhält das Leben für ihn einen ganz neuen Sinn, er sieht in der sinnlichen Welt den Keimboden für eine höhere. Und in einem gewissen Sinne wird ihm diese ‹höhere› ohne die ‹niedere› als eine mangelhafte erscheinen. Zwei Ausblicke eröffnen sich ihm. Der eine in die Vergangenheit, der andere in die Zukunft.»[70]

Damit ist uns nun auch eine neue Perspektive für die im Titel dieses Buches gegebene Fragestellung, nämlich nach dem Wandel von Gedächtnis und Erinnerung im Laufe der Evolution, eröffnet. Wir werden sehen, dass sich dieser Wandel tatsächlich so verstehen lässt, dass sich dabei der Mensch immer mehr von einem «Umkreisbewusstsein» zu einem «Punktbewusstsein» hin entwickelt hat und dass es in der Evolution letztlich darauf ankommt, sich von diesem Punktbewusstsein zu einem neuen Umkreisbewusstsein hin zu entwickeln. Unter diesem Gesichtspunkt wollen wir uns nun der Frage nach der Evolution von Gedächtnis und Erinnerung zuwenden.

6. DIE EVOLUTION VON GEDÄCHTNIS UND ERINNERUNG

DIE PHYLOGENETISCHE ENTWICKLUNG

Bisher sind wir bei der Frage nach der Möglichkeit des «Lesens in der Akasha-Chronik» immer von unserem gegenwärtigen Bewusstsein ausgegangen. Wir haben festgestellt, dass für unser Persönlichkeitsbewusstsein die Beschaffenheit unseres heutigen Erinnerungsvermögens und Gedächtnisses von entscheidender Bedeutung ist. Wir haben gesehen, dass ein Geistesforscher wie Rudolf Steiner aber in der Lage ist, sein Bewusstsein und damit sein Gedächtnis und sein Erinnerungsvermögen zu erweitern. Nicht nur, dass Steiner Aussagen über vergangene Erdenleben machen konnte, er vermochte durch die Art seiner Bewusstseinsschulung auch Aussagen über die inneren Aspekte weit zurückliegender historischer Ereignisse zu machen, die er der «Akasha-Chronik» entnahm. Dabei haben wir gesehen, dass diese Form der Erinnerung von zwei Erfahrungen ausgeht, die Rudolf Steiner in dem Buch *Das Christentum als mystische Tatsache* erstmals als zusammengehörig dargestellt hat, nämlich die Einsicht in die höhere Natur des eigenen Wesens als eines sich wiederverkörpernden und damit am Lauf der Geschichte Anteil nehmenden und davon ausgehend die Einsicht in das Christus-Ereignis, bei dem Christus innerhalb der Geschichte als das höhere Wesen der ganzen Menschheit erscheint.

Die Möglichkeit einer Erweiterung der Erinnerungsfähigkeit, das «Lesen in der Akasha-Chronik» scheint somit unmittelbar an diese Christus-Erfahrung gebunden zu sein. Jedenfalls stellt es sich aus der Perspektive unseres heutigen Ich-Bewusstseins so dar. Wir werden am Schluss unserer Betrachtungen auf diesen

Zusammenhang von Erinnerungsfähigkeit und Christus-Impuls nochmals zurückkommen.

Ist nun diese Bewusstseinsveränderung, die einer totalen Veränderung von Gedächtnis und Erinnerung gleichkommt, eine einmalige Angelegenheit, die ein dafür besonders Begabter durchführen konnte, oder sind Gedächtnis und Erinnerung generell entwicklungsfähig und somit einer Evolution unterworfen?

Dem wollen wir nun, im Kern unserer Fragestellung angelangt, weiter nachgehen. Denn in der Tat können wir feststellen, wenn wir die Geschichte der Menschheit mit dieser Frage im Hintergrund überblicken, dass es eine solche Evolution tatsächlich gibt. Hier helfen uns entsprechende Aussagen Rudolf Steiners über eine Evolution von Gedächtnis und Erinnerung weiter, die wir noch genauer anschauen werden. Wir können diese auch anhand des vorhandenen historischen Materials überprüfen.

Bei der Darstellung dieser Evolution werden wir neben den Aussagen Rudolf Steiners allgemein bekannte kulturgeschichtliche Fakten anführen. Das heißt, die Darstellung erhebt für den Bereich der Kulturgeschichte zwar nicht den Anspruch, neue Ergebnisse vorzulegen, im Kontext mit den Steiner'schen Aussagen wird auf diese Ergebnisse jedoch ein neues Licht geworfen.

In der anthroposophischen Forschung sind Rudolf Steiners Aussagen im Hinblick auf eine Evolution von Gedächtnis und Erinnerung bisher noch wenig im hier gemeinten Gesamtzusammenhang, insbesondere im Hinblick auf das Thema «Lesen in der Akasha-Chronik», betrachtet worden. Dies soll mit den folgenden Betrachtungen nun geschehen.[71]

Schriftlose und Schriftkulturen

In die Geschichte der Menschheit zurückblickend können wir, wenn wir auf Gedächtnis und Erinnerung schauen, sehr leicht zwei Phasen unterscheiden: eine Phase der Entwicklung, in der die Menschheit noch keine Schrift kannte und daher ihre Erinnerungen nicht aufzeichnete, sondern mündlich tradierte. Diese mündlich tradierten Erinnerungen sind nichts anderes – da kommen wir wieder zurück auf den im Kapitel über die Gedächtnisgeschichte bereits zitierten *Jan Assmann* – als die Mythen der Menschheit. Jegliche uns heute noch erhaltene und inzwischen schriftlich aufgezeichnete Mythologie wurde ursprünglich mündlich tradiert. Wobei wir davon ausgehen können, dass, je weiter wir zurückgehen, die Fähigkeit, solche Mythen in großen Zusammenhängen umfassend zu überschauen, eine größere war.

Mit der Entstehung der Schrift setzt nun eine zweite Phase ein. Diese teilt sich wiederum auf in eine Phase, in der es zunächst nur Bildzeichen, Hieroglyphen gibt, und in eine zweite, in der Schriftzeichen, also Buchstaben verwendet werden. Die Hieroglyphen tauchen zuerst im alten Ägypten um 3000 v. Chr. auf, die Buchstaben um 2000 v. Chr. im syrisch-palästinensischen Raum.

Sogleich entsteht hier die Frage, warum denn die Schrift entstanden ist, wenn man doch bis dahin alles mündlich tradieren konnte? Diese Frage kann man sich zunächst im Hinblick auf den eigenen Schriftgebrauch beantworten: *Ich schreibe mir das auf, was ich nicht im Gedächtnis behalten kann.* Das heißt, ich benutze die Schrift als *Ersatz,* als Unterstützung meines zu schwachen Gedächtnisses. Historisch gesehen würde das bedeuten, dass die Menschheit die Schrift erfinden *musste,* um ein schwächer werdendes Gedächtnis zu ersetzen.[72] Wir werden versuchen, diese These nun auch zu untermauern, damit sie nicht als reine Behauptung stehen bleibt. Sie würde sich dann untermauern lassen, wenn wir einen Zusammenhang zwischen Gedächtnisentwicklung – in diesem Falle der Abnahme von Gedächtniskräften – und Bewusstseinsentwicklung feststellen könnten, weil dann der Sinn einer solchen Entwicklung deutlich wäre: *Die Gedächtniskräfte mussten zugunsten der Ausbildung des Ich-Bewusstseins auf das einzelne Ich beschränkt werden.* Lässt sich eine solche Entwicklung nun tatsächlich feststellen?

Gedächtnis und Autonomie

Bevor wir diese Frage beantworten, gilt es aber, noch eine Voraussetzung zu klären, die mit dem Zusammenhang von Selbstbewusstsein und Gedächtnis zu tun hat. Im Kapitel über «Gedächtnisgeschichte» hatten wir bereits gesehen, dass unser Gedächtnis die Grundlage unserer Identität darstellt. Nur wenn wir uns unsere eigene Geschichte durch Erinnerungen bewusst machen können, haben wir auch eine Identität. Im Bild der sich in den Schwanz beißenden Schlange erblicken wir die unserem Ich-Bewusstsein zugrunde liegende Geste. Ich bin ein Ich, weil ich mir meiner Geschichte, meiner Biografie bewusst bin. Ich kann dadurch aber auch aus mir selbst heraus handeln, weil ich aus meiner Geschichte heraus, aus meinen Erlebnissen heraus in die Zukunft blicke. Und je mehr ich mir meiner eigenen Identität bewusst bin, desto mehr werden auch meine zukünftigen Handlungen aus dieser heraus möglich sein. Das heißt aber zugleich: Der Grad an Autonomie, mit dem ich handle, hängt von der Art meines Selbstbewusstseins ab.

Ist mein Bewusstsein nun aber bestimmt von Erinnerungen, die kollektiver Natur sind, das heißt von Traditionen meiner Ahnen, meiner Familie, meines Volkes, dann besteht meine Identität vielmehr in einem kollektiven als in einem individuell-autonomen Bewusstsein. Folglich werden dann aber meine Handlungen auch nicht autonom, individuell bestimmt sein, sondern eben von den erinnerten Traditionen. Je umfassender, weiter zurückreichend in der Tradition mein Gedächtnis sich gestaltet, desto mehr werden auch meine Handlungen von diesen Traditionen bestimmt sein. Das heißt: Der Grad von Autonomie meiner Handlungen hängt von der Art meines Gedächtnisses ab.

Und so werden wir fragen, ob nicht, je weiter wir in der Menschheitsentwicklung zurückgehen, die Handlungen der Menschen von Erinnerungen bestimmt sind, das heißt Wiederholungen dessen darstellen, was qua Gedächtnis tradiert ist. Das Gedächtnis würde mithin an die Tradition fesseln und Autonomie verhindern. Eine Zunahme von Autonomie würde folglich einhergehen mit einer Abnahme und einer Umwandlung des Gedächtnisses von einem kollektiven zu einem rein persönlich-biografischen.

Alte Mythen als kollektive Erinnerungen

Wie sehen nun die mündlich tradierten Erinnerungen, die Mythen, aus? Enthalten sie persönliche Erinnerungen? Ursprünglich nicht, am Ende wohl aber doch. Diese Antwort klingt paradox, macht aber auf die vermutete Entwicklung aufmerksam. Die frühen Mythen, insbesondere alle Schöpfungsmythen, erzählen immer von kollektiven Ereignissen, von Verwandlungen, die die Menschheit oder den Menschen schlechthin betreffen. Der *Adam* und die *Eva* der biblischen Schöpfungsgeschichte erscheinen nicht als Privatpersonen, sondern als Repräsentanten der Menschheit. Solche Erinnerungen haben also immer kollektiven Charakter.

Ein später, wenn man so will letzter Mythos wie *Homers Odyssee* dagegen erzählt plötzlich in der Ich-Form. *Odysseus* berichtet seine Abenteuer, seine Irrfahrten selbst, in der ersten Person. Wir erleben eine ganz konkrete Situation, etwa die Landung des Odysseus bei den Phäaken und seinen Bericht vor dem Phäakenkönig, der die Geschichte ebenso erstaunt wie seine Untertanen anhört. Der Mythos wird zur Biografie, wird zur Geschichte eines einzelnen Individuums. Und Homer beginnt auch damit, den Mythos schriftlich aufzuzeichnen. Wir werden uns deshalb im nächsten Kapitel noch eingehender mit Homer beschäftigen, weil er einerseits den Übergang zur Schriftform, andererseits den Übergang zur biografischen Ich-Form der Erinnerung repräsentiert.

Wir sehen also zwei Phasen der Gedächtnisentwicklung vor uns, die schriftlose Phase bis etwa 3000 v. Chr. und die Schriftphase ab etwa 3000 v. Chr., Buchstabenschrift ab etwa 2000 v. Chr., wobei die Mythen selber jedoch erst ab etwa 800 v. Chr. tatsächlich aufgezeichnet werden. Nun können wir aber noch eine dritte, frühere Phase hinzunehmen, die uns sogar durch sichtbare Zeugnisse dokumentiert ist, in der an Stelle der mündlichen Überlieferung, die, wie wir noch sehen werden, keinen prosaischen, sondern rituellen, rhythmischen Charakter hatte, Denkmäler standen. Dadurch wurden bestimmt Orte im Raum, etwa durch Steinsetzungen, wie wir sie heute noch in Überresten der Megalithkulturen sehen können, bezeichnet. Sie können, soweit sie heute noch erhalten sind, bereits um 4500 v. Chr. entstanden sein. Solche Steinsetzungen sind nichts anderes als Erinnerungshilfen, Gedächtnisorte, die zur Erinnerung an bestimmte Zusammenhänge, meist kosmischer Natur, genutzt wurden.

Schauen wir uns nun diese drei Phasen im Hinblick auf die Qualität der Erinnerung und des Gedächtnisses genauer an und achten wir dabei auf die Bewusstseinsentwicklung, die mit diesen drei Schritten einhergeht. Diese folgen allerdings zeitlich nicht scharf getrennt aufeinander, sondern überlagern sich. Dennoch werden wir versuchen, die mit ihnen verbundenen Bewusstseinsformen genauer zu rekonstruieren und zu unterscheiden.

Gedächtnisentwicklung gleich Medienentwicklung

Indem wir diese Entwicklung verfolgen, werden wir sehen, wie mit der Entwicklung von Gedächtnis und Erinnerung die Entwicklung dessen, was wir heute die Welt der *Medien* nennen, unmittelbar einhergeht.[73] Die verschiedenen Medien und ihre Entstehung stehen in einem deutlichen Zusammenhang mit der Evolution von Gedächtnis und Erinnerung.[74] Sie weisen uns auch darauf hin, in welcher Weise sich das Gedächtnis verändert hat. Durch die jeweils neuen Medien wird ein Teil des Gedächtnisses ersetzt, aber auch erweitert.

Die Schrift und später das Buch ersetzt und erweitert das Gedankengedächtnis, der Film ersetzt und erweitert das Bildgedächtnis, die Tonaufnahme das akustische Gedächtnis und der Computer fasst schließlich alle bisherigen Speichermedien in einem digitalen Speicher, der über das Internet weltweit verfügbar ist, zusammen. Interessanterweise lassen sich aber nur Gedanken, Bilder und Töne in einem Medium speichern, nicht aber Geruchs-, Geschmacks- oder Tasteindrücke. Diese bleiben an das Gedächtnis gebunden und können nicht auf Medien übertragen oder per Medium anderen mitgeteilt werden.

In der Medienentwicklung können wir eine Entwicklungstendenz feststellen, die zu einer zunehmenden Emanzipation von den unmittelbaren Eindrücken der Sinneswelt führt.[75]

Drei Phasen der Gedächtnisentwicklung

Wir folgen bei der Unterscheidung der drei Phasen der Gedächtnisentwicklung einer einleuchtend erscheinenden Terminologie Rudolf Steiners:[76]

Die erste Phase der Gedächtnisbildung, die wir in der Megalithkultur vor uns haben, bezeichnet Steiner als *Himmelsgeschichte*. Die damit auftretende Form des Gedächtnisses bezeichnet er als *lokalisiertes Gedächtnis*.

Die zweite Phase nennt er *mythologische Geschichte*. In ihr erscheint das *rhythmische Gedächtnis*.

Die dritte Phase ist die mit der Entstehung der Schrift einsetzende *Erdgeschichte*, die mit dem *biografischen* oder *Schriftgedächtnis* einhergeht. Für die Zukunft spricht Steiner noch von einer vierten Stufe, die mit der Ausbildung eines zukünftigen *Reinkarnationsgedächtnisses* einhergehen wird. Auf diese werden wir später noch eingehen.

In der folgenden Tabelle sehen wir eine schematische Übersicht der ersten drei Phasen:

Kultur und Gedächtnis

Gedächtnisform	Zeitalter	Kulturtechnik
lokalisiertes Gedächtnis, Himmelsgeschichte	Frühgeschichte, bis ca. 3000 v. Chr.	Lokalisieren durch Steinsetzungen u. Ä.
rhythmisiertes Gedächtnis, mythologische Geschichte	frühe Hochkulturen bis ca. 1000 v. Chr.	Rhythmisieren durch mythische Rituale mit künstlerischen Mitteln
biografisches, gedankliches Gedächtnis, Erdgeschichte	antike Hochkulturen, vorderer Orient, Ägypten, Griechenland ab ca. 2500 v. Chr.	Erfindung der Schrift: biografisches, gedankliches Gedächtnis

Diese drei Phasen lassen sich zeitlich nicht scharf voneinander abgrenzen, weil sie sich geografisch gesehen in verschiedenen Regionen ausgebildet haben. So hat sich das lokalisierte Gedächtnis eher im Norden und Westen entwickelt, das biografische Schriftgedächtnis eher im Süden und Osten, während sich das rhythmische Mythengedächtnis über alle Regionen der Erde verbreitet hat.

Versuchen wir nun, von unserem heutigen Bewusstsein ausgehend nachzuvollziehen, wie diese früheren Formen von Gedächtnis und Erinnerung beschaffen waren. Würden wir uns dazu nur von den äußerlich erhaltenen Denkmälern oder Dokumenten leiten lassen, etwa den Steinsetzungen, den überlieferten Mythen und Ritualen und schließlich den schriftlichen Aufzeichnungen, so könnten uns diese äußeren Zeugnisse nichts über den damit verbundenen Bewusstseinszustand sagen, wenn wir nicht zuvor innerlich versucht hätten, die mit diesen Zeugnissen verbundene Bewusstseinsform nachzuempfinden. Sie würden gewissermaßen stumm bleiben. Um diese Zeugnisse «sprechen» zu lassen, ist es deshalb hilfreich, sich an die diesbezüglichen Ausführungen des Geistesforschers Rudolf Steiner zu halten.

Steiner möchte mit seinen Darstellungen Antwort auf die Frage geben: «Wie ist die gegenwärtige Konfiguration, die gegenwärtige Verfassung der menschlichen Seele aus einer Entwicklung langer Zeiten hervorgegangen?»[77] Dabei betont er, dass seine Forschungsergebnisse der (auch heute noch) vorherrschenden wissenschaftlichen Meinung widersprechen, «dass der Mensch in Bezug auf sein seelisch-geistiges Leben so, wie er jetzt ist, im Wesentlichen während der ganzen geschichtlichen Zeit war.»[78]

Die Darstellungen Steiners sollen hier aber nicht zitiert werden, um irgendetwas zu beweisen, sondern um zu prüfen, ob uns diese Schilderungen so nachvollziehbar und plausibel erscheinen, dass sie mit den äußerlich erhaltenen Denkmälern und Zeugnissen in Übereinstimmung zu bringen sind. Wir gehen methodisch also nicht so vor, dass wir anhand äußerer Artefakte Rückschlüsse auf damit verbundene Bewusstseinshaltungen konstruieren, sondern wir versuchen, anhand der Schilderungen des Geistesforschers Rudolf Steiner in eine innere Bewegung zu kommen, deren Gestik und Stimmigkeit uns dann zu den äußeren Erscheinungen hinleiten kann.

Der Nachteil dieser Methode mag jedoch für den einen oder anderen darin bestehen, dass diese zunächst verlangt, sich auf die Schilderungen des Geistesforschers vorurteilsfrei einzulassen, so wie auch das Schwimmenlernen Überwindung verlangt, ins Wasser zu gehen und dabei nass zu werden.[79]

Das lokalisierte Gedächtnis
Wir haben anhand der bereits erwähnten Steiner'schen Terminologie die drei zu betrachtenden Zeiträume der Evolution von Gedächtnis und Erinnerung mit den dazugehörigen Gedächtnisformen bezeichnet als:

a) Himmelsgeschichte	lokalisiertes Gedächtnis
b) mythologische Geschichte	rhythmisiertes Gedächtnis
c) Erdgeschichte	biografisches, gedankliches Gedächtnis

Wenn Steiner von Himmelsgeschichte spricht, bezieht er sich auf eine Epoche des alten Orients, die etwa bis 3000 v. Chr. reicht[80] und in der sich die Menschen ihres Körpers sehr bewusst waren. Sie empfanden ihren Kopf, sie empfanden ihre Brust, sie empfanden ihre Gliedmaßen. Aber mit diesen Körperempfindungen verbunden erlebten sie zugleich die Einheit ihres Kopfes mit der Erde, die Einheit ihres Brustraumes mit der Sonne und die Einheit ihrer Gliedmaßen mit den Planeten:

«Es war das die Zeit, in welcher der Mensch mit seinem ganzen Leben eben mit dem Weltenall, mit dem Kosmos zusammengewachsen war. [...] Wir bilden uns Gedankenbilder von dem, was wir durchlebt haben, als abstrakte Erinnerungen unseres Kopfes. Das konnte derjenige, der nicht die Gedanken hatte, sondern seinen Kopf empfand, nicht. Der konnte sich nicht Erinnerungen bilden. Kam man daher nach jenen Gegenden des uralten Orients, in denen sich die Leute noch ihrer Köpfe bewusst waren, aber keine Gedanken hatten, also auch keine Erinnerungen hatten, [...] dann sah man überall: Da ist irgendein kleiner Pflock in die Erde hineingesetzt und irgendein Zeichen daraufgesetzt, da ist an irgendeine Wand irgendein Zeichen gemacht. Alle Lebensgebiete, alle Lebensörtlichkeiten der Menschen waren mit lauter Merkzeichen übersät, denn man hatte noch nicht ein Gedankengedächtnis. Wo irgendetwas geschah, da stellte man gewissermaßen ein kleines Denkmal auf, und wenn man wieder hinkam, dann erlebte man an dem Merkzeichen, das man machte, die Sache wieder. Der Mensch war eben zusammengewachsen in seinem Haupte mit der Erde. [...] Der Erde übergeben wir dasjenige, was der Kopf erlebt hat – das war das Prinzip in alten Zeiten.»⁸¹ Deshalb nennt Steiner diese Art des Gedächtnisses auch ein «lokalisiertes Gedächtnis».

Zugleich aber mit diesem an den Kopf gebundenen Gedächtnis, das sich auf das persönliche Lebensumfeld bezog, hatten die Menschen durch ihre Empfindungen des übrigen Körpers eine direkte Verbindung zur kosmischen Umgebung der Erde, zu allen Himmelserscheinungen. Und so, wie sie ihren Kopf mit ihrem übrigen Leib in Verbindung fühlten, so brachten sie auch das durch die lokalen Zeichensetzungen Erinnerte in Verbindung mit dem übrigen Kosmos. Die Erde, die Lokalität, wo die Menschen sich befanden, wurde in unmittelbarer Verbindung mit der kosmischen Umgebung erlebt. Deshalb wurden auch alle irdischen Ereignisse in unmittelbarer Beziehung zu kosmischen Konstellationen stehend empfunden.

Davon legen die großen Steinsetzungen, wie wir sie heute noch in Südengland, in der Bretagne und Irland, aber auch in anderen Weltgegenden, etwa im afrikanischen Raum, sehen können, Zeugnis ab. Durch diese großen Denkmäler setzte man die irdischen Geschehnisse, etwa die landwirtschaftlichen Verrichtungen, in Beziehung zu den kosmischen Konstellationen und konnte diese dann entsprechend ausrichten. Man könnte im Hinblick auf die Steinkreise also von einer Art Kalenderwesen sprechen und solche Steinsetzungen können daher als zum «kulturellen Gedächtnis» der damaligen Menschheit gehörig angesehen werden.

Daneben deuten viele dieser Steinsetzungen in Verbindung mit Grabanlagen aber auch auf die Pflege der Erinnerung an die Verstorbenen hin. Dann können die Steinkreise auch als Stätte für Rituale und Tänze genutzt worden sein, außerdem könnten sie zu bestimmten Zeiten auch dem Austausch von Waren gedient haben.⁸²

Für unseren Zusammenhang ist aber der Aspekt der Gedächtnisbildung entscheidend. Diese fand anhand jener Denkmäler gewissermaßen «extern», im äußeren Raum statt. Es gab also, wenn man der Steiner'schen Schilderung folgt, weder eine auf Gedanken gestützte, also innerlich sich vollziehende Erinnerung, noch gab es religiöse Bauten wie Tempel oder Kirchen, die einen Innenraum gehabt hätten, sondern Gedächtnisstätten, die auf den kosmischen Umkreis bezogen waren. Und alle diese Gedächtnisstützen hatten, jedenfalls was die heute noch erhaltenen, zum Teil überdimensionalen Denkmäler wie etwa Stonehenge angeht, kollektiven Charakter. Es waren kollektive Stützen der Erinnerung.

Insofern diese Denkmäler auf die kosmische Umgebung ausgerichtet waren, dürfen wir davon ausgehen, dass wir in den Ursprungsmythen, die von der Entstehung des Weltalls, der Sterne, Planeten, Sonne, Erde und des Mondes handeln, Formen kollektiver Erinnerungen vor uns haben, die sich auf den evolutiven Zusammenhang der Menschen mit dem Kosmos beziehen:

«Im Anfang der Schöpfung, ehe Himmel und Erde waren, war das Chaos, der gähnende Raum. Formlos, ungetrennt, durcheinander gemischt und ungebildet war alles. Dunkle Schleier der Finsternis breiteten sich über dem wogenden Geschehen, aus dem alles entstand, was entstanden ist.

Aus dem brütenden Dunkel, aus der in Gärung und Zeugung begriffenen kreißenden Schöpferkraft erhob sich, Sehnsucht erregend, Eros mit goldenen Flügeln, die allmächtige, alles verbindende, alles einende, alles schaffende, wirkende Weltenliebe. Und Weltenlicht erschien und erregte das Chaos, und ein mächtiges Erzittern bebte durch das Unerschaffene, Werdende; das Ungetrennte trennte sich, aus dem Formlosen bildeten sich Formen, und das Kraftlose ballte sich zu Kräften.

Und Gaia, die Erde, trat aus dem Chaos hervor. Noch trug sie weder Pflanzen noch Tiere; die Leben Spendende, alles Bildende, alles Erschaffende Urmutter war sie.

Und über die Erde wölbte sich also gleich Uranos, der sternbesäte Himmel, und Pontos auch gestaltete sich aus dem Chaos, dort wo Erebos waltet, die ewige unterweltliche Finsternis.

Aus der Verbindung der Gaia mit Uranos gingen urgewaltige Ungeheuer hervor: die Hekatoncheiren, die hundertarmigen Riesen und die Erz Bearbeitenden, nimmermüden Kyklopen, die Erschaffer des Blitzes, Wesen mit einem Auge inmitten der Stirn, das glimmte und leuchtete. Aber es ging auch hervor das starke Geschlecht der Titanen, zwölf an der Zahl, allgewaltige Söhne und Töchter, die schaffenden gestaltenden Kräfte in Himmel und Erde, die Ahnen aller späteren Göttergeschlechter.

Der Titanen mächtigster einer war Okeanos, der Strömende, in sich Kreisende am Rande der Erde. Ihm war zugetan Tethys, die Mutter aller Quellen und fliessenden Gewässer. [...]

Hyperion, der hoch wandelnde Titan, und Theia alsdann erzeugten Helios, den Gott des Lichtes, der, auf goldenem Wagen von vier Feuer sprühenden Rossen gezogen, donnernd über den Himmel dahinfährt. Wenn er abends in den Okeanos untertaucht, steigt Selene, seine sanfte Schwester, die Mondgöttin, im Osten auf. In gleissendem Gefährt, das zwei herrliche weisse Rosse ziehen, umkreist sie ruhigen Ganges den nächtlichen Himmel.

Und dann erscheint Eos, die Morgenröte, die rosenfingrige, in goldstrahlendem Gewand, und verkündet heiter des Helios strahlende Wiederkunft.»[83]

Ein solcher Mythos wie hier das Beispiel aus der griechischen Mythologie spiegelt jenen Bewusstseinszustand, der mit der Himmelsgeschichte und dem lokalisierten Gedächtnis zusammenhängt, deutlich wider. Die Vorgänge der kosmischen Umgebung, die zur Schöpfung des Weltalls beigetragen haben, werden nicht abstrakt gedanklich, sondern wesenhaft erlebt. Steiner beschreibt diese Seelenverfassung folgendermassen:

«Blickt man zurück auf das geistige Leben der Völker, so ist in urferner Vergangenheit ein Bewusstsein des Zusammenseins und Zusammenwollens mit den göttlich-geistigen Wesenheiten so bei den Menschen vorhanden, dass deren Geschichte Himmelsgeschichte ist. Der Mensch erzählt, indem er über ‹Ursprünge› spricht, nicht irdische, sondern kosmische Vorgänge. Ja auch für *seine* Gegenwart erscheint ihm das, was in seiner Erden-Umgebung vorgeht, so unbedeutend gegenüber den kosmischen Vorgängen, dass er nur diese, nicht jenes beachtet.»[84]

Damit ist auch über die Gedächtnisform dieser Menschen der Ur- und Frühgeschichte etwas gesagt. Ihr Gedächtnis bezieht sich nämlich nicht auf die Ereignisse der unmittelbaren Umgebung, sondern – wie die Steinsetzungen auch – auf die kosmische Umgebung. Wir haben es hier gewissermaßen mit einem «kosmischen» oder «universellen» Gedächtnis zu tun, das aber nicht gedanklich im Bewusstsein entsteht, sondern räumlich an bestimmten Lokalitäten, die besonders markiert sind.

Nun dürfen wir uns allerdings nicht vorstellen, dass diese Fähigkeit der Erinnerung einfach jedem Angehörigen einer damaligen Kultur zugänglich war, so wie ja auch heute nicht jeder Mensch die Fähigkeit eines Historikers besitzt. Die dafür Bestimmten wurden in besonderer Weise ausgebildet. Sie waren als Priester zum Beispiel für die Ausrichtung der für die Lebenserhaltung notwendigen landwirtschaftlichen Prozeduren zuständig. Dazu mussten sie die kosmischen Gegebenheiten, die meteorologischen Bedingungen etc. genau kennen, die sich in jährlichen Rhythmen vollziehen. Sie mussten aber auch die Beziehung zu den Ahnen herstellen, den Vorfahren und Gründern der eigenen Kultur. Das alles sind für die spätere Menschheit Vorgänge, die sich auf Basis des Erinnerungsvermögens mehr oder weniger gedanklich vollziehen. Da dieses gedankliche Vermögen aber damals noch nicht ausgebildet war, trat an seiner Stelle eben das an lokale Markierungen wie die Steinsetzungen gebundene «lokalisierte» Gedächtnis auf und ermöglichte somit, eine Beziehung zu den kosmischen Tatsachen, den Verstorbenen usw. herzustellen.

Dieses Gedächtnis war gewissermaßen im Raum ausgedehnt und umfasste damit nahezu alles, was diesen Raum, die Erde und ihre kosmische Umgebung, hatte entstehen lassen – daher der von Steiner passend gewählte Ausdruck «Himmelsgeschichte». Wir haben es hier nicht nur mit einem «lokalisierten» Gedächtnis, sondern auch mit einem «Himmelsgedächtnis» zu tun.

Das mythologische Gedächtnis

Die nächste Stufe der Evolution des Gedächtnisses beruht auf dem, was Steiner als «mythologische Geschichte» bezeichnet. Steiner weist darauf hin, dass diese Stufe sich dadurch ausbildete, dass gewisse Erlebnisse in rhythmischer Weise *wiederholt* wurden. Wir haben es also nicht mehr mit einem an den äußeren Raum gebundenen Gedächtnis, sondern mit einem durch zeitliche Wiederholungen sich bildenden Gedächtnis zu tun. Er weist dabei auch auf die Rhythmen der Sprache hin und darauf, dass wir mithilfe der Sprache Erinnerungen hervorrufen können.

Damit ist aber auch auf den zentralen Bestandteil dieses «rhythmisierten» Gedächtnisses hingewiesen, auf die alten Mythen. Ein entscheidender Bestandteil dieser Mythen, die nichts anderes als kollektive Erinnerungen der Menschheit darstellen, war nicht nur ihr Inhalt, sondern die sprachlich-rhythmische Form, in der sie vorgetragen bzw. dargestellt wurden: «Diese Rhythmisierung des Erlebten, das ist ein letzter Rest einer hochgradigen Sehnsucht, überall zu rhythmisieren, denn das, was nicht rhythmisiert wurde in dieser zweiten Epoche nach dem lokalisierten Gedächtnisse, das behielt der Mensch nicht. Und aus diesem rhythmisierten Gedächtnisse hat sich dann eigentlich die gesamte ältere Verskunst herausgebildet, überhaupt die versifizierte Dichtung.»[85]

«Mythologische Geschichte» ist also erstmals auch «erzählte» Geschichte, und die alten Mythen, wie sie uns heute erhalten sind, bilden einen letzten, abstrakten Überrest dessen, was die Mythen einst waren. Denn wir dürfen uns hier natürlich nicht vorstellen, dass die Menschen der damaligen Zeit diese Mythen so erzählt hätten, wie wir es heute tun. Nehmen wir, um uns das zu veranschaulichen, den Mythos von *Demeter* und *Persephone* als Beispiel:

«Demeter, die Segen spendende Göttin, die Mutter alles Wachsenden und Hüterin der heiligen Gesetze, hatte dem Göttervater eine liebliche Tochter geboren, Persephoneia genannt, schön und licht von Gestalt, anmutigen Ganges, den Himmlischen eine Freude.

Einst spielte die Jungfrau mit des Okeanos schönen Töchtern auf blumenbesäter Wiese, freute sich der Blüten, der Rosen, der Krokusse, Hyazinthen und Veilchen. Ganz berauscht aber ward sie vom süßen Duft der schneeweißen, sternstrahlenden Narzissen. Hingegeben der Schönheit, das Gebot der göttlichen Mutter vergessend, neigte sie sich und pflückte eine Narzisse am Grund.

Aufklaffte da die Erde, und aus der Tiefe empor fuhr Hades mit donnerndem Rossegespann, raubte die Schöne und entführte sie auf goldenem Wagen in das düstere Reich der Schatten als Gattin und Gebieterin. Die Jungfrau schrie und flehte Zeus und alle Himmlischen um Hilfe. Solange sie die Erde, das rauschende Meer und den gestirnten Himmel sah, hegte sie Hoffnung, doch unerhört verhallte ihr Wehruf. Nur zum Herzen der Mutter drang ihr Schrei.

Demeter, thronend unter den Olympiern, das Haupt von goldenen Ähren umflochten, vernahm den Wehschrei des Kindes. Rasch erhob sie sich vom Hochsitz und folgte eilenden Fußes dem verhallenden Ruf.

Nieder zur Erde stieg sie. Von düsterer Ahnung getrieben, legte sie Kranz und lichten Schleier hin, umhüllte sich mit dunkelblauem Gewand, entzündete zwei Fackeln und suchte die Entführte durch Berg und Tal.

Neun Nächte und neun Tage irrte die göttliche Mutter wehklagend auf der Erde umher; keiner der allwissenden Götter, keiner der Sterblichen wagte ihr die Wahrheit zu sagen. Nur Helios, der Strahlende, Weithinschauende, antwortete auf ihre Frage, dass Hades die Tochter geraubt. [...] Und unter die Menschen schritt die Göttin. Unerkannt trat die Trauernde an den Herd des Königs von Eleusis und atmete schweigend als Dienerin des Hauses lange Zeit.

Als aber die Fruchtbarkeit der Erde schwand und die Not des Hungers die Menschen bedrohte, versammelte Zeus die Himmlischen zum Rat und befahl dem Herrscher des Totenreiches, Persephoneia freizugeben. Hades beugte sich dem Befehl; doch ehe er sie zur Lichtwelt entließ, betörte er die Schöne, den süßen Kern eines Granatapfels zu essen. Die Götter sandten Hermes der Jungfrau entgegen, und er geleitete sie zur Mutter zurück.

Groß war die Freude des Wiedersehens mit der göttlichen Mutter. Nun war sie versöhnt, und alsogleich spross in Fülle das Gras auf der dörrenden Erde und das Korn und die Blumen in leuchtender Schönheit. Zum Olympos kehrte die hehre Göttin zurück, von den Himmlischen freudig begrüßt.

Es hatte sich aber die scheidende Göttin den Menschen, an deren Herd sie segensvoll geweilt, zu erkennen gegeben. *Und in frommem Staunen stiftete der König heilige Weihen in Eleusis, der trauernden Mutter zum Gedächtnis und Dank für die Gaben.*

Nicht lange freute sich die Mutter des aus dem Dunkel ihr wiedergeborenen Kindes. Denn bald zog ein sehnendes Verlangen Persephoneia zum Reich des Hades zurück. Argwöhnend fragte die Mutter, ob sie Speise genossen habe, als sie in der Tiefe geweilt, und Persephoneia gestand, dass ihr der hohe Herrscher beim Abschied den Kern einer Granatfrucht gereicht.

Da erkannte die Göttin, dass Hades ihr Kind überlistet und durch die Zauberkraft der Frucht mit unlösbaren Fesseln an sein Reich gebunden hatte. Zeus, vor den sie klagend schritt, konnte das Unglück nur mildern. Er bestimmte, dass zwei Drittel der Zeit die liebliche Tochter bei ihrer Mutter verweilen dürfe, doch ein Drittel des Jahres dem Herrscher im Reich der Toten als Gattin gehöre.

Immer nun, wenn Persephoneia aufersteht aus des Hades Schlünden und dem Licht aufs Neue geboren wird, freut sich die Göttin, und es schmückt sich die Erde neu mit Blumen und sprießendem Gras.

Wenn aber die Zeit naht, da Persephoneia hinstirbt dem Reich des Lichtes und hinabsteigt ins düstere Land der Schatten, umwölkt Trauer die Seele der großen Mutter, und es verwelken Blumen und Gras, es erstirbt der Gesang der Vögel, und die Erde erstarrt in Schmerz.»[86]

Wie wurden diese mythischen Bilder nun vermittelt? Blicken wir dazu mit einem der bedeutendsten Mythenforscher, *Karl Kerényi,* auf die Mysterien von Eleusis, deren Kern der Demeter-Mythos darstellte:

«Zu unseren sicheren Kenntnissen von den eleusinischen Mysterien gehört eben dies, dass der Teilnehmer der Mysterien sich mit Demeter identifizierte. Die Bekenntnisformel der Eingeweihten ist uns erhalten. [...] Der Eingeweihte trat in die Gestalt der Demeter ein, indem er wie die trauernde und grollende Göttin tat. [...] In die Mysterien von Eleusis durfte jedermann eingeweiht werden, der griechisch sprach und mit keiner Blutschuld befleckt war: Männer und Frauen gleicherweise. [...] Das eleusinische Erlebnis begann mit dem Zustand der Trauer, des Wanderns und Suchens, welches dem Herumirren der Demeter und ihrem Wehklagen entsprach, begann wohl schon außerhalb Eleusis mit dem Fasten der Mysten. Eleusis war der Ort des Findens der Kore (Persephoneia). Geschaut wurde in diesem Finden – durch welche Symbole immer – ein Objektives und ein Subjektives. Objektiv leuchtete in jenem Erlebnis die Idee der Göttin auf, die ihre Tochter und darin sich selbst wiedererlangt. Subjektiv wurde durch dieselbe Schau die eigene Fortdauer – die Fortdauer jedes Lebewesens – vergegenwärtigt. Das Nicht-Wissen, das die Gestalt der trauernden Demeter kennzeichnet, hörte auf.»[87]

In dieser Schilderung *Kerényis* wird sehr schön deutlich, wie der zitierte Mythos in den eleusinischen Mysterien tatsächlich durchlebt und damit verinnerlicht wurde. In dieser Weise muss man sich die Aneignung und Vermittlung der alten Mythen für alle antiken Hochkulturen Griechenlands, Ägyptens, Persiens oder Indiens in jeweils verschiedener, in den Grundzügen aber ähnlicher Form vorstellen.

Dabei bildete sich nun auch das «rhythmisierte Gedächtnis» aus. Durch die kultisch-rhythmische Wiederholung des Mysteriengeschehens, das in unserem Beispiel den Demeter-Mythos zur Darstellung brachte, konnte der Teilnehmer am kollektiven Gedächtnis Anteil nehmen, wurde er eingeweiht in die Geschichte, in die Herkunft des Menschen und der Erde. In solchen Ritualen haben wir somit auch den *Ursprung alles Religiösen* vor uns, das in der rhythmisch-kultischen Wiederholung bestimmter, in rhythmisierter Sprache vorgetragener mythologischer Inhalte bestand und auch heute noch besteht. Auch ohne auf diesen Zusammenhang des Ursprungs der Religionen hier näher einzugehen, können wir nachvollziehen, wie das «Rhythmisieren» sowohl der einzelnen religiösen Akte im Jahreslauf wie auch des religiösen Aktes als solchen die Grundlage des Gedächtnisses, eben die von Steiner so genannte «mythologische Geschichte» bildete. Im Vollzug des religiösen Aktes wurde das in ihm dargestellte Geschehen gleichzeitig erinnert, es wurde vergegenwärtigt, anwesend.

Auch hier liegt also noch keine gedankliche Form der Erinnerung vor, sondern eine unserem Fühlen verwandte, rhythmisierte Form. Gegenüber der vorher aber in den Raum nach außen versetzten «lokalisierten» «Himmelsgeschichte» haben wir es bei der «rhythmisierten» «mythologischen Geschichte» nun schon mit einem zeitlichen und daher mehr verinnerlichten Vorgang zu tun.

Wir können uns diesen Unterschied anhand eines Vergleichs mit der plastischen und der musikalischen Kunst veranschaulichen. Während wir es bei einer Plastik mit einem räumlichen Phänomen, das wir im äußeren Anschauen begreifen, zu tun haben, können wir bei der Musik im Raum allenfalls den Musiker, aber nicht die Musik selbst wahrnehmen. Diese erfassen wir *innerlich*, und zwar als ein in der *Zeit* verlaufendes *rhythmisches* Geschehen. In derselben Weise verinnerlicht sich also im Laufe der Evolution das Gedächtnis und entwickelt sich von einem nach außen gerichteten räumlichen Gedächtnis zu einem im Inneren sich bildenden zeitlichen, rhythmisierten Gedächtnis weiter.

Gleichzeitig rückt aber mit der «mythologischen Geschichte» die kollektive Erinnerung, die in der «Himmelsgeschichte» gewissermaßen nur den kosmischen Umraum wahrnahm, immer näher an den Menschen und seine eigene Geschichte heran. Steiner spricht in diesem Zusammenhang von den «Heroen». Innerhalb der Mythologie der Menschheit gibt es im Anschluss an die Göttergeschichten, das kann auch heute noch ein Blick in jegliche Mythensammlung zeigen, die Heldensagen. So folgen etwa in der nordischen Mythologie auf die Göttergeschichten der Edda die Heldensagen von Helgi, Sigurd und Gudrun und in der griechischen Mythologie auf die Göttergeschichten von Chronos, Zeus und Apollon die Heldensagen von Theseus, Herakles und schließlich Odysseus. Die Helden verbinden die «Himmelsgeschichte» mit der später folgenden «Erdgeschichte», sie vermitteln gewissermaßen zwischen Himmel und Erde, und bevor die eigentliche «Erdgeschichte», die menschliche Geschichte im Bewusstsein der Menschen beginnt, erleben diese zunächst noch die mythologische Geschichte der Heroen und Kulturbegründer, also die Ursprünge ihrer eigenen Kultur. Die Evolution des Gedächtnisses führt also aus dem Erleben des Umkreises immer mehr zum Zentrum, zum Menschen selbst hin. – Das heißt aber nicht, dass damit schon ein persönlich-biografisches Gedächtnis vorhanden wäre.

Wir haben in verschiedenen Dokumenten, vor allem im Alten Testament, deutliche Zeugnisse vor uns, dass das Gedächtnis der damaligen Menschen viel weiter zurückreichte als unser heutiges und sich deshalb auch nicht auf die eigene Biografie, sondern auf die Geschichte des eigenen Stammes, auf die Geschichte der eigenen Vorfahren bezog. Steiner beschreibt diese Art des Gedächtnisses wie folgt:

«Blicken wir ein wenig zurück in der Entwicklung des menschlichen Bewusstseins. Das Wort Entwicklung braucht man heute sehr häufig, aber so durchgreifend, so intensiv wie die Geisteswissenschaft Ernst macht mit dem Worte Entwicklung, so ist es bei keiner anderen Wissenschaft der Fall. Dieses menschliche Bewusstsein, wie es heute ist, hat sich aus anderen Bewusstseinsformen entwickelt. Wenn wir weit, weit zurückgehen in der Herkunft des Menschen, nicht im Sinne materialistischer Wissenschaft, sondern so, wie ich es vorgestern entwickelt habe, dann finden wir, dass das Menschen-Bewusstsein immer mehr als ein anderes erscheint, je weiter wir zurückgehen. Dieses Bewusstsein, welches die verschiedenen Verstandesbegriffe, die äußeren Sinneswahrnehmungen in der bekannten Art verknüpft, das ist erst entstanden, wenn auch in urferner Vergangenheit, aber es ist erst entstanden. Wir können in jener Zeit einen Zustand des Bewusstseins finden, der ganz anders war als heute, weil besonders das Gedächtnis ganz anders war. Das, was der Mensch heute als Gedächtnis hat, ist nur ein heruntergekommener Rest einer alten Seelenkraft, die in ganz anderer Weise vorhanden war. In alten Zeiten, als der Mensch noch nicht die kombinierende Kraft seines heutigen Verstandes hatte, als er noch nicht imstande war, zu rechnen und zu zählen im heutigen Sinne, als er noch nicht seine Verstandeslogik ausgebildet hatte, da hatte er dafür eine andere Kraft der Seele: Er hatte ein universelles Gedächtnis ausgebildet. Dieses musste abnehmen, musste zurücktreten, damit auf seine Kosten unser heutiger Verstand zu seiner Entwicklung kommen konnte. So ist überhaupt der Gang der Entwicklung, dass eine Kraft in den Hintergrund tritt, damit die andere auftauchen kann. Das Gedächtnis ist eine abnehmende Kraft, der Verstand und die Vernunft sind zunehmende Seelenkräfte.

[...] Was ist das Äußere des menschlichen Gedächtnisses? Es ist das, dass es sich zurückerinnert an gestern, vorgestern und so weiter, bis in die Kindheit. Dann reißt es aber einmal ab. Dieses Gedächtnis riss nicht ab in urferner Vergangenheit, nicht in der Kindheit, nicht einmal bei der Geburt; sondern wie der heutige Mensch sich erinnert an dasjenige, was er selbst in seinem persönlichen Leben erlebt hat, so erinnerte sich der Mensch der Vorzeit an dasjenige, was der Vater, der Großvater durch ganze Generationen hindurch erlebt haben. Das Gedächtnis war durch Generationen hindurch eine Seelenkraft, die sich real verbreitete. Durch Jahrhunderte hindurch hat sich in urferner Vergangenheit die Erinnerung erhalten, und mit dieser anderen Ausbildung des Gedächtnisses hing eine andere Art der Namengebung zusammen.

Wir kommen nun zu der Frage: Warum ist in den ersten Kapiteln der Bibel von Individualitäten die Rede, die wie Adam, Noah Jahrhunderte alt werden? Weil es für die Menschen, die hier gemeint sind, keinen Sinn hätte, die Personen zu begrenzen. Die Erinnerung reicht hinauf durch Generationen bis zu dem Urvater. Dieser ganzen Generation gab man einen Namen. Es hätte keinen Sinn gehabt, einer einzelnen Persönlichkeit den Namen Adam zu geben. So gab man dazumal den Namen dem, was sich, die gleiche Erinnerung festhaltend, durch Jahrhunderte hindurch von Generation zu Generation zurückerinnerte – Adam, Noah. Und was war das? Es war das, was durch Vater, Sohn und Enkel geht, aber die Erinnerung bewahrte. So treu bewahrt die biblische Urkunde diese Geheimnisse, die erst durch die Geisteswissenschaft verstanden werden können.»[88]

Wir haben es im Rahmen des hier betrachteten Zeitraumes der «mythologischen Geschichte» noch nicht mit einem persönlichen, sondern immer noch mit einem kollektiven Gedächtnis zu tun, einem Gedächtnis, das an die Vererbung, an das Blut gebunden ist, in dem die Geschichte eines bestimmten Blutszusammenhanges, eines Volkes, eines Stammes etc. aufbewahrt wurde – und zwar so aufbewahrt wurde, dass dazu keinerlei Aufzeichnungen benötigt wurden. Wenn also im ersten Buch Mose, Kapitel 5, von den Erzvätern Seth, Henoch, Methusalem oder Noah die Rede ist, dann handelt es sich nicht um einzelne Menschen, sondern um Erinnerungseinheiten des kollektiven Gedächtnisses, die unter einem Namen zusammengefasst wurden.

So stehen also die Erinnerungsinhalte des «rhythmisierten Gedächtnisses» zwischen der «kosmischen» Erinnerung des ersten Zeitraums der Evolution des Gedächtnisses und den «persönlich-biografischen» Erinnerungen des nachfolgenden Zeitraums. Sie haben zwar noch kollektiven Charakter, beziehen sich aber bereits auf irdisches Geschehen, und zwar so, dass einerseits die Heroen auftauchen, die zwischen «Himmelsgeschichte» und «Erdgeschichte» als Vermittler erscheinen, andererseits die Geschlechterfolgen, deren Taten und Erlebnisse kollektiv erfasst und erinnert werden. Der neben Kerényi wichtigste europäische Mythenforscher *Mircea Eliade* schreibt dazu in seinem Buch *Kosmos und Geschichte*: «Der Charakter des Volksgedächtnisses ist ahistorisch, das kollektive Gedächtnis ist nicht in der Lage, die historischen Ereignisse und Individualitäten festzuhalten, wenn es sie nicht in Archetypen verwandelt, also alle ihre ‹historischen› und ‹persönlichen› Besonderheiten aufhebt.»[89]

Typisch für diese Art des Gedächtnisses ist neben der rituellen, rhythmisierten Form, die das Erinnerte durch den Kultus in die Gegenwart hereinruft, also auch diese kollektive Zusammenfassung bestimmter Ereignisse unter einem «Archetypen», wie es Eliade nennt, unter dem Namen einer Ahnenreihe oder eines Heroen. Wir werden diese Form des Gedächtnisses aber noch genauer verstehen, wenn wir nun übergehen zur dritten Form, dem mit der «Erdgeschichte» verbundenen «biografischen» oder «Schriftgedächtnis».

Das biografische Gedächtnis

Wir können in der Geschichte der Menschheit zwei wesentliche Einschnitte beobachten, die mit der Entstehung des «biografischen» Gedächtnisses einhergehen: erstens die Entstehung der *Schrift*, die wir gleich genauer ins Auge fassen werden, und zweitens die *Fernehe*.[90] Das Kollektivgedächtnis, das weit zu den Vorfahren zurückreichte, war, so beschreibt es Steiner, an einen bestimmten Blutszusammenhang gebunden, der nur durch eine sehr restriktive Art der Fortpflanzung aufrechterhalten werden konnte, bei der die Ehe innerhalb der eigenen Sippe geschlossen wurde. Durch die Fernehe wird dieses Prinzip durchbrochen, das Blut wird gemischt, es kann nicht mehr die Eindrücke der Gruppenvergangenheit aufnehmen. Daher beginnt der Mensch nun, die äußeren Eindrücke viel stärker individuell aufzunehmen.

Durch die Fernehe wird die Individualisierung möglich, das individuelle Gedächtnis entsteht, mit anderen Worten: Mit diesem Zeitpunkt beginnt der einzelne Mensch, sich aus durch das kollektive Gedächtnis vererbten Traditionen, also Erinnerungen, herauszulösen.[91] Da, wo bisher durch den Blutszusammenhang vererbte und im kollektiven Gedächtnis festgehaltene Regeln galten, mussten nun «Gesetze» wirksam werden. Diese konnten aber nicht mehr aus dem Gedächtnis kommen, sie mussten daher *aufgeschrieben* werden. Dieser Übergang von kollektiv erinnerten Traditionen und Gesetzen zu geschriebenen Gesetzen ist im Alten Testament in der Geschichte von Moses, der die Zehn Gebote vom Berg Sinai herabholt und sie seinem Volk in Stein gemeißelt übergibt, festgehalten.

Steiner führt zu diesem Unterschied der beiden Epochen aus: «Diese Zeiten brauchten keine äußeren Gebote, keine äußeren Gesetze. Denn mit dem lebendigen Gedächtnis, mit dessen ganz anderer Art als das Gedächtnis heute ist, lebte sich fort dasjenige, was man zu tun hatte. Wonach handelte man in diesen Urzeiten? [...] Man handelte nicht nach Geboten. Man handelte nach dem, was einem die Erinnerung sagte, was der Vater, der Großvater und so weiter getan haben.»[92]

Schrift und Gedächtnis

Schauen wir uns nun den Gedächtniswandel, der mit der Entstehung der Schrift verbunden ist, genauer an. Der Übergang vom rituellen, «rhythmisierten» Gedächtnis zum textuellen Gedächtnis, zum «Schriftgedächtnis» ist in der Religionsgeschichte insbesondere vom Ägyptologen *Jan Assmann* ausführlich dokumentiert und beschrieben worden. Assmann macht darauf aufmerksam, dass wir es bei diesem Übergang mit zwei verschiedenen Religionsformen zu tun haben, nämlich den «Kultreligionen», bei denen der religiöse Kontext durch Wiederholung von Ritualen hergestellt wird, und den «Buchreligionen», die auf einem Kanon heiliger Schriften beruhen, um deren Auslegung und Interpretation es im Wesentlichen geht. Kultreligionen sind in aller Regel polytheistisch, Buchreligionen dagegen monotheistisch orientiert.

Nun geht es uns aber um den damit einhergehenden Wandel des Gedächtnisses. Dazu führt Jan Assmann aus: «Mit diesem Wandel einer geht ein Strukturwandel des ‹kulturellen Gedächtnisses›. Beruhten in den Kultreligionen die ‹konnektiven Strukturen›, die die identische Reproduktion der Kultur über die Generationen hinweg sicherten, in allererster Linie auf dem Prinzip ritueller Wiederholung, so beruhen sie in den Buchreligionen auf dem Prinzip der Auslegung der kanonischen Texte.»[93] Das hat für das damit verbundene Bewusstsein gravierende Folgen: «Es liegt im Wesen des Ritus, dass er eine vorgegebene Ordnung möglichst abwandlungsfrei reproduziert. Dadurch deckt sich jede Durchführung des Ritus mit vorhergehenden Durchführungen, und es entsteht die für schriftlose Gesellschaften typische Vorstellung einer in sich kreisförmigen Zeit. Man kann daher mit Bezug auf die ritengestützte Zirkulation kulturellen Sinns geradezu von einem ‹Wiederholungszwang› sprechen. Genau dieser Zwang ist es, der die *rituelle Kohärenz* garantiert und von dem sich Gesellschaften beim Übergang in *textuelle Kohärenz* freimachen.»[94]

Das besagt aber nichts anderes, als was wir schon versucht haben anzudeuten, dass nämlich mit dem Übergang vom rituellen zum textuellen Gedächtnis, also mit dem Übergang von der schriftlosen zur Schriftkultur ein *Gewinn an Autonomie* einhergeht. Denn das rituelle Wiederholen hat in der Tat etwas zwanghaftes, nur in der Wiederholung des ewig gleichen Inhaltes kann dieser auch erinnert werden. Das Gedächtnis und damit die Identität ritueller Religionen und Kulturen stützt sich auf das Prinzip der Wiederholung und verhindert damit eine Individualisierung. Nur im Kollektiv ist Erinnerung möglich.

Die Erfindung der Schrift ermöglicht hingegen eine Loslösung vom kollektiven Wiederholungszwang, denn der zu erinnernde kulturelle Kontext kann nun durch mehr und mehr sich verselbstständigendes *Lesen* bzw. *Interpretieren* unabhängig vom Kollektivzwang hervorgebracht werden. Das ist freilich eine sich über Jahrtausende hinziehende Entwicklung, denn vom Schreiben und Lesen der Gesetzestexte im alten Ägypten bis hin zum Schreiben und Lesen im Mittelalter oder der Neuzeit ist es noch ein weiter Weg.

So ist von der Lesekultur im Mittelalter beispielsweise bekannt, dass der Leser noch nicht im Stillen, das heißt für sich selbst las, sondern dass damals noch laut, das heißt für alle anderen mithörbar, gelesen wurde. Dennoch ist mit der Erfindung der Schrift und damit des Lesens und Interpretierens die entscheidende Schwelle zum individuellen Gedächtnis, das heißt zum Bewusstsein der eigenen Identität, überschritten. Indem der Mensch sich durch das Schreiben eine individuell lesbare Grundlage für sein Gedächtnis verschafft, löst er sich aus dem Zwang kollektiver Wiederholung von Ritualen, die dem kollektiven Gedächtnis zugrunde liegen. Die Erfindung der Schrift ist mithin (neben der bereits erwähnten Fernehe) die allererste Voraussetzung für die Individualisierung des Gedächtnisses und damit für die Herausbildung einer individuellen Identität.

Dieser Prozess hat aber nun umgekehrt zur Folge, dass das vorher viele Generationen umspannende, also noch periphere und weit in die Vergangenheit zurückreichende Gedächtnis zugunsten eines auf die eigene Lebenszeit sich begrenzenden Gedächtnisses erlischt. Das heißt, mit dem Gewinn an Autonomie geht ein Verlust an Gedächtniskraft einher. Das Gedächtnis reicht nun nicht mehr zurück in die mythische Vorzeit, sondern es überblickt nun nur noch die eigene Lebenszeit und muss sich für alle davorliegenden Zeiten auf die geschriebenen Texte stützen, die somit zu einem *Ersatz* für das vormals rituell und dabei kollektiv erzeugte Gedächtnis werden. Die an die Gruppe, an das Kollektiv gebundene nicht-individuelle Identität verfügte über ein umfassendes und zugleich weit zurückreichendes Gedächtnis, das zugunsten der Entwicklung des Individuums sich nun mehr und mehr auf die *eigene*, persönliche Geschichte konzentriert und sich die weiter zurückliegende Vergangenheit durch Lesen und Interpretieren von Texten erschließt.

Damit beginnt die bereits angesprochene Unterscheidung von «Geschichte» und «Gedächtnis», die es in den rituellen Gesellschaften so nicht gab. In ihnen war «Geschichte» immer identisch mit «Gedächtnis», Geschichte wurde auf dem Wege ritueller Wiederholung zum Gedächtnis, das aber noch keinen individuellen Charakter besaß. Durch die Individualisierung des Gedächtnisses verliert dieses den Überblick über die Geschichte, kann diese nicht mehr aus sich heraus *er-innern* und ist hinfort auf die *Stütze* äußerer Texte und Dokumente angewiesen.

Diesen Verlust spricht Steiner an, wenn er ausführt: «In alten Zeiten, als der Mensch noch nicht die kombinierende Kraft seines heutigen Verstandes hatte, als er noch nicht imstande war, zu rechnen und zu zählen im heutigen Sinne, als er noch nicht seine

Verstandeslogik ausgebildet hatte, da hatte er dafür eine andere Kraft der Seele: Er hatte ein universelles Gedächtnis ausgebildet. Dieses musste abnehmen, musste zurücktreten, damit auf seine Kosten unser heutiger Verstand zu seiner Entwicklung kommen konnte.»[95]

In der Steiner'schen Perspektive wird nun aber auch schon eine Antwort auf die folgende Frage sichtbar: Hat sich das Gedächtnis erst durch die Erfindung der Schrift verändert, oder ist die Erfindung der Schrift nicht vielmehr Ausdruck einer nachlassenden Gedächtniskraft? Mit dem obigen Zitat deutet Steiner ja darauf hin, dass es um die Ausbildung der für die Individualisierung notwendigen Verstandes- und Gedankenkräfte ging. Damit diese sich ausbilden konnten, musste die alte Gedächtniskraft abnehmen. Mithin könnte man davon ausgehen, dass diejenigen, denen die Leitung einer Kultur oblag, die Priesterkönige, sich der Folgen, die die Einführung der Schrift mit sich brachte, sehr wohl bewusst waren.

Der Theuth-Mythos von der Erfindung der Schrift

Von diesem Bewusstsein zeugt jedenfalls der für diese Frage wesentlichste antike Text, der platonische Dialog *Phaidros*. In diesem Dialog lässt *Platon* deutlich werden, dass sich bereits der antike Mensch der griechischen Zeit der Verwandlung des Gedächtnisses sehr wohl bewusst war. Wir werden daher im nächsten Kapitel auf die griechische Zeit, die den Übergang vom schriftlosen, rituellen Gedächtnis zum schriftgebundenen, biografischen Gedächtnis vollendet, noch gesondert hinblicken und dabei vor allem die Bedeutung Homers und Platons, den Übergang vom schriftlosen, mündlich tradierten *Mythos* zum schriftgebundenen *Denken* hervorheben.

An dieser Stelle aber wollen wir zunächst auf Platons *Phaidros* näher eingehen, weil er den Wandel des Gedächtnisses und die

Abbildung 1: Theuth, Erfinder der Schrift.

Frage nach dessen Ursache sehr genau beschreibt. In diesem Dialog geht es im Gespräch zwischen *Sokrates* und seinem Schüler *Phaidros* unter anderem um die Frage, welche Lehre die bessere sei, die in schöner Rede vorgetragene oder die schriftlich fixierte. Sokrates spricht sich dabei eindeutig für die mündlich vorgetragene Rede aus und macht seinem Schüler die Nachteile des schriftgebundenen Lehrens an einem Mythos deutlich, dem sogenannten *Theuth-Mythos*. Theuth ist der ägyptische Gott *Thot*, der in Ägypten als Kulturbringer eine ähnliche Funktion wie *Prometheus* in Griechenland besaß. So galt denn auch Thot als der *Erfinder der Schrift*. Von ihm erzählt Sokrates seinem Schüler nun den folgenden Mythos:

«Sokrates: Ich habe also vernommen, zu Naukratis in Ägypten sei einer der dortigen alten Götter gewesen, dem auch der heilige Vogel, den sie ja Ibis nennen, eignete; der Dämon selbst aber habe den Namen Theuth. Dieser habe zuerst Zahl und Rechnung erfunden, und Mathematik und Sternkunde, ferner Brettspiel und Würfelspiel, ja sogar auch die Buchstaben. Weiter aber, da damals über ganz Ägypten Thamus König war in der großen Stadt des oberen Bezirks, welche die Hellenen das ägyptische Theben nennen, wie sie den dortigen Gott Ammon nennen, – so kam der Theuth zu diesem und zeigte ihm seine Künste und sagte, man müsse sie nun den anderen Ägyptern mitteilen. Der aber fragte, was für einen Nutzen eine jede habe. Indem er's nun auseinandersetzte, so wusste er, wie ihm jener etwas gut oder nicht gut zu sagen dünkte, es bald zu tadeln, bald zu loben. Vieles nun soll da Thamus dem Theuth über jede Kunst in beiderlei Richtung frei heraus gesagt haben, was durchzugehen viele Worte fordern würde. Als er aber an den Buchstaben war, sagte der Theuth: ‹Diese Kenntnis, o König, wird die Ägypter weiser und erinnerungsfähiger machen; *denn als ein Hilfsmittel für das Erinnern* sowohl als für die Weisheit ist sie erfunden.› Er aber erwiderte: ‹O du sehr kunstreicher Theuth! Ein anderer ist der, der das, was zur Kunst gehört, hervorzubringen, ein anderer aber der, der zu beurteilen vermag, welchen Teil Schaden sowohl als Nutzen sie denen bringe, die sie gebrauchen werden. So hast auch du jetzt, als Vater der Buchstaben, aus Vaterliebe das Gegenteil von dem gesagt, was ihre Wirkung ist. Denn *Vergessenheit* wird dieses in den Seelen derer, die es kennenlernen, herbeiführen durch Vernachlässigung des Erinnerns, sofern sie nun im Vertrauen auf die Schrift von außen her mittels fremder Zeichen, nicht von innen her aus sich selbst, das Erinnern schöpfen. Nicht also für das Erinnern, sondern für das Gedächtnis hast du ein Hilfsmittel erfunden. Von der Weisheit aber bietest du den Schülern nur Schein, nicht Wahrheit dar. Denn Vielhörer sind sie dir nun ohne Belehrung, und

so werden sie Vielwisser zu sein meinen, da sie doch insgemein Nichtswisser sind und Leute, mit denen schwer umzugehen ist, indem sie Scheinweise geworden sind, nicht Weise.›»[96]

Indem Platon die Erfindung der Schrift auf Theuth-Thot zurückführt, also auf ein göttliches Wesen, das diese dem menschlichen König Thamus anpreist, wird offenkundig, dass diese als eine Art Erziehungsmittel eingesetzt wird, beinahe gegen den Willen des Thamus, und damit die vom einen erwünschte, vom anderen befürchtete Veränderung des Gedächtnisses herbeiführt. Dabei erscheint der Gott Theuth als derjenige, der diesen Fortschritt hin zur Individualisierung anstrebt, während der menschliche König Thamus eher daran interessiert zu sein scheint, seine Untertanen vor diesem Wandel zu bewahren, das heißt aber, den Fortschritt zu verhindern. Solche «Kämpfe» zwischen den Fortschritt hemmenden und fördernden Kräften sind es aber, die die Kulturentwicklung der Menschheit generell bestimmen. Anhand des *Theuth-Mythos* in Platons *Phaidros* können wir nun wie durch ein Okular auf diesen Wandlungsprozess, der sich im Übergang von der ägyptischen Kultur zur griechischen Kultur vollzogen haben muss, hinblicken.

Steiner setzt diesen Übergang deshalb auch zeitlich in Beziehung zum Beginn der griechischen Kultur: «Und nun fassen Sie den Zeitpunkt genau ins Auge, wo in der Menschheitsentwicklung gerade übergeht die rhythmische Erinnerung in die Zeiterinnerung, wo das zuerst auftritt, was uns in unserer jämmerlichen Abstraktheit des modernen Menschen ganz selbstverständlich ist: das Zeitgedächtnis, wo wir im Bilde das hervorrufen, was wir hervorrufen; wo wir nicht mehr so erleben, dass wir in halb oder ganz unbewusster Tätigkeit etwas in rhythmischer Wiederholung wachgerufen haben müssen, wenn es wieder aufsteigen sollte. Nehmen Sie diesen Zeitpunkt des Überganges der rhythmischen Erinnerung in die zeitliche Erinnerung, dann haben Sie jenen Zeitpunkt, wo der alte Orient eben nach Griechenland herüber kolonisiert, jenen Zeitpunkt, der Ihnen in der Geschichte geschildert wird als die Entstehung der von Asien herüber nach Europa begründeten Kolonien. Was die Griechen erzählen von jenen Heroen, die von Asien oder Ägypten gekommen sind und sich auf griechischem Boden niedergelassen haben, das ist eigentlich die Erzählung, die da heißen müsste: Es zogen aus einmal aus dem Lande, wo da war das rhythmische Gedächtnis, die großen Helden und suchten ein Klima auf, wo das rhythmische Gedächtnis übergehen konnte in das zeitliche Gedächtnis, in die zeitliche Erinnerung.»[97]

Jan Assmann weist uns übrigens in diesem Zusammenhang noch auf das berühmte Gedicht *Patmos* von *Friedrich Hölderlin* hin. Dort deutet Hölderlin auf jenen Wandlungsprozess des Gedächtnisses hin:

> Zu lang, zu lang schon ist
> Die Ehre der Himmlischen unsichtbar.
> Denn fast die Finger müssen sie
> Uns führen und schmählich
> Entreißt das Herz uns eine Gewalt.
> Denn Opfer will der Himmlischen jedes,
> Wenn aber eines versäumt ward,
> Nie hat es Gutes gebracht.
> Wir haben gedienet der Mutter Erd
> Und haben jüngst dem Sonnenlichte gedient,
> Unwissend, der Vater aber liebt,
> Der über allen waltet,
> Am meisten, dass gepfleget werde
> Der feste Buchstab, und Bestehendes gut
> Gedeutet. Dem folgt deutscher Gesang.

Zusammenschau

Die alten Kulturen der vorgriechischen Zeit, die an ein kollektives, kultisch-rituelles Gedächtnis gebunden waren, sind angesprochen mit den Worten: «Wir haben gedienet der Mutter Erd / Und haben jüngst dem Sonnenlichte gedient». Als die demgemäße Form der Erinnerung erlosch, war zweifelsohne auch die Gefahr des Vergessens, des Abreißens der kulturell-religiösen Traditionen gegeben. Deshalb brauchte man die Schrift, die, wie es bei Hölderlin heißt, der Vater am meisten liebt, weil mit ihrer Hilfe nun das Gedächtnis gestützt wurde. Fast scheint es, als würde Hölderlin hier von jenem Gott Theuth sprechen, der den Menschen die Schrift auch deshalb gebracht zu haben scheint, damit sie mit ihrer Hilfe auch ihn und das Göttliche überhaupt im Gedächtnis bewahren können.

Dennoch kann man Platons Schriftkritik gut verstehen, wie sie in der Wiedergabe des Theuth-Mythos durch Sokrates anklingt: «Denn Vergessenheit wird dieses in den Seelen derer, die es kennenlernen, herbeiführen durch Vernachlässigung des Erinnerns, sofern sie nun im Vertrauen auf die Schrift *von außen her mittels fremder Zeichen, nicht von innen her aus sich selbst,* das Erinnern schöpfen. [...] Denn Vielhörer sind sie dir nun ohne Belehrung, und so werden sie Vielwisser zu sein meinen, da sie doch insgemein Nichtswisser sind und Leute, mit denen schwer umzugehen ist, indem sie Scheinweise geworden sind, nicht Weise.» Das besagt nichts anderes, als dass das Schriftgelehrtentum nun von äußeren, mitunter fragwürdigen Quellen abhängig geworden ist und nicht mehr wie früher die Weisheit, die Erinnerungen, aus sich selber schöpfen konnte.

Damit haben wir einen wesentlichen Punkt unserer Thematik des «Lesens in der Akasha-Chronik» erreicht, von dem Rudolf Steiner durchaus berechtigt hervorhebt: «Erweitert der Mensch auf diese Art sein Erkenntnisvermögen, dann ist er behufs Erkenntnis der Vergangenheit nicht mehr auf die äußeren Zeugnisse angewiesen. Dann vermag er zu schauen, was an den Ereignissen nicht sinnlich wahrnehmbar ist, was keine Zeit von ihnen zerstören kann.»[98]

Halten wir den Charakter des Übergangs vom rituell-rhythmisierten zum Schriftgedächtnis hier nochmals fest. So wie durch die rituelle Wiederholung mythologischer Inhalte sich das «mythologische Gedächtnis» ausbildete, so wurde durch die Einführung der Schrift das Schriftgedächtnis ausgebildet, und es erwachte das Bewusstsein für die «Erdgeschichte». Mit dem Schriftgedächtnis treten Erinnerungen nun erstmals in Gedankenform auf. Damit erlosch auch das weite Zeiträume umfassende Gedächtnis der vorhergehenden Epoche, und an seine Stelle trat das Schriftgedächtnis, das sich nur noch anhand geschriebener Dokumente an die Ereignisse der Vorzeit «erinnern», diese aber nicht mehr lebendig ins Bewusstsein rufen konnte. Die Folge war, dass alle Handlungen, alle Regeln des Alltags und des religiösen Lebens nun nicht mehr aus der unmittelbaren Erinnerung, sondern aus geschriebenen *Gesetzen* abgeleitet werden mussten. Daher auch die Fülle an Regeln und Vorschriften, die wir bis heute in allen Buchreligionen vorfinden. Steiner beschreibt diesen Übergang wie folgt:

«Dann kam die Zeit, in der die Menschheit als solche vergessen hatte und notdürftig aufschreiben musste dasjenige, was geschehen ist. Aber während die Menschheit das verkümmern lassen musste, was früher in der Menschenseele kosmische Erinnerungskraft war, während die Menschheit stümperhaft anfangen musste, aufzuschreiben die Weltereignisse, Geschichte zu schreiben und so weiter, während der Zeit entwickelte sich im menschlichen Inneren das persönliche Gedächtnis, die persönliche Erinnerung.»[99]

Bevor wir nun sowohl anhand der Gestalt *Homers* und seiner *Odyssee* als auch anhand zweier Dialoge *Platons,* dem schon zitierten *Phaidros* und dem für Platons Verständnis der Evolution des

Bewusstseins wichtigen *Timaios*, noch weiter auf den Wandel des Gedächtnisses zum «Schriftgedächtnis» und damit auf die auch heute noch bestehende Form des Gedächtnisses eingehen, wollen wir noch einen Blick auf die ontogenetische Seite der Evolution von Gedächtnis und Erinnerung werfen. Dabei können wir erstaunliche Parallelen zu der bisher dargestellten Entwicklung entdecken.

DIE ONTOGENETISCHE ENTWICKLUNG

Das biogenetische Grundgesetz

«Die Frage, wie ein Baby von globalen Reaktionen zu reflexivem Denken voranschreitet, hat nicht nur Forscher der menschlichen Entwicklung, sondern auch solche auf dem Gebiet der Evolution vor ein Rätsel gestellt.»[100] Diese Aussage des Psychiaters und Kinderarztes *Stanley I. Greenspan* und des Philosophen und Sprachwissenschaftlers *Stuart G. Shanker* steht im Zusammenhang mit dem Thema ihres äußerst lesenswerten Buches *Der erste Gedanke*, nämlich der Frage nach der Evolution des menschlichen Denkens. Daher stellen sie gleich zu Beginn ihres Buches auch fest: «Viele Entwicklungsbiologen und -psychologen glauben immer noch, dass das Hirn des Menschen seit der Zeit der vorgeschichtlichen Kulturen vor dreißig- bis fünfzigtausend Jahren unverändert geblieben ist. Heute gibt es eindeutige Indizien der Evolutionsbiologie, die zeigen, dass sich das menschliche Hirn seit dieser Zeit sehr wohl verändert hat.»[101]

Bisher haben wir anhand der kulturgeschichtlichen Betrachtung der Evolution von Gedächtnis und Erinnerung gesehen, dass sich das Bewusstsein über mehrere Stufen hin zu einer auf Gedanken gestützten und in Buchstaben sich ausdrückenden Erinnerungskraft entwickelt. Das denkende, sich seiner selbst bewusste Ich des Menschen benötigt zu dieser Bewusstseinsleistung das persönlich-individuelle Gedächtnis. Die vohergehenden Stufen verfügen noch nicht über dieses persönliche Gedächtnis. Wir sehen auf der Stufe des «lokalisierten Gedächtnisses» ein ganz auf den kosmischen Umkreis gerichtetes Bewusstsein, das sein Gedächtnis noch nicht innerlich, sondern äußerlich im Raum ausbildet. Auf der Stufe des «rhythmisierten Gedächtnisses» schauen wir dann auf ein Bewusstsein, das sich nur anhand von rituellen Wiederholungen «mythologischer Geschichte» seiner Identität vergewissern kann, die allerdings noch keinen individuellen, sondern immer noch kollektiven Charakter hat. Schließlich kommt es auf der dritten Stufe, die mit der Entstehung der Schrift einhergeht, zum eigentlichen Zeitgedächtnis, das sich nun auf des Menschen eigene Geschichte richtet, in der er sich mehr und mehr individuell begreift.

Richtigerweise stellen deshalb Evolutionsbiologen die Frage nach den biologischen Grundlagen dieser Entwicklung. Und Entwicklungspsychologen stellen sich diese Frage hinsichtlich der kindlichen Entwicklung, denn längst ist das biogenetische Grundgesetz *Ernst Haeckels* akzeptiert und auch wissenschaftlich nachgewiesen worden. In der individuellen Entwicklung, der Ontogenese, eignet sich der Heranwachsende kulturell wie biologisch Fähigkeiten, Techniken und Erkenntnisse an, die die Menschheit in ihrer Gesamtentwicklung, der Phylogenese, über Tausende von Jahren erarbeitet hat. Der Zusammenhang zwischen der phylogenetischen und der ontogenetischen Entwicklung ist zu offensichtlich, als dass man diesen einfach ignorieren könnte. Ihm wollen wir deshalb im Folgenden nachgehen.

Gehirnentwicklung

Bei den drei bisher beschriebenen Entwicklungsstufen des Gedächtnisses haben wir es mit einer Bewegung von außen nach innen, aus dem Umkreis ins Zentrum, vom Kollektiven zum Individuellen zu tun. Schauen wir uns dazu eine erweiterte Übersicht in tabellarischer Form an:

Kultur, Gedächtnis und Bewusstsein

Gedächtnis-form	Zeitalter	Kulturtechnik	Bewusst-seinsform
lokalisiertes Gedächtnis, Himmelsgeschichte	Frühgeschichte, bis ca. 3000 v. Chr.	Lokalisieren durch Steinsetzungen u. Ä.	Willensebene, die Götter im Umkreis, «kosmisch» orientiert
rhythmisiertes Gedächtnis, mythologische Geschichte	frühe Hochkulturen bis ca. 1000 v. Chr.	rhythmisieren durch mythische Rituale mit künstlerischen Mitteln	Gefühlsebene, die Ahnen, Helden, künstlerisch-«mythologisch» orientiert
biografisches, gedankliches Gedächtnis, Erdgeschichte	antike Hochkulturen, vorderer Orient, Ägypten, Griechenland ab ca. 2500 v. Chr.	Erfindung der Schrift: biografisches, gedankliches Gedächtnis	intellektuelle Ebene, die eigene Persönlichkeit im Zentrum, gedanklich orientiert

Nun lässt sich feststellen, dass die biologisch wichtigste Grundlage unseres Gedächtnisses, das Gehirn, ebenfalls aus drei Bereichen besteht. Über alten Strukturen mit einfachen Funktionen haben sich im Laufe der Evolution neue Strukturen mit höheren Funktionen gebildet. Wir unterscheiden daher den biologisch ältesten Teil, den Hirnstamm, dann das limbische System im mittleren Bereich und schließlich das Großhirn oder den Neocortex, die Hirnrinde.

Wir können daher von einem zwiebelschalenartigen Aufbau des Gehirns sprechen: Zuunterst befindet sich der Hirnstamm, der die überlebenswichtigen Funktionen steuert, vor allem die

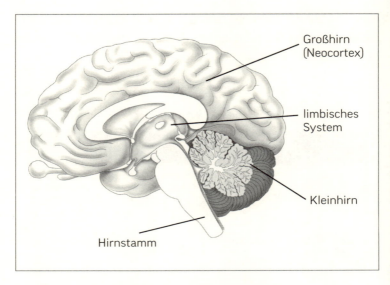

Abbildung 2. Aufbau des menschlichen Gehirns.

motorischen, nicht bewussten Abläufe, darüber das limbische System, das für alle Gefühlsregungen und einen großen Teil des Gedächtnisses zuständig ist und ganz oben der Neocortex, der für die gedankliche Verarbeitung und für höhere geistige Funktionen verantwortlich ist.

Der Hirnstamm wird umschlossen vom darüberliegenden limbischen System. Zu ihm gehören der Hippocampus, die Amygdala, die Hypophyse, der Hypothalamus und Teile des Thalamus. Das limbische System ist über den Hypothalamus mit dem darunterliegenden Stammhirn und über den Thalamus mit dem darüberliegenden Großhirn verknüpft. Es wird auch das emotionale Gehirn genannt. Der Hippocampus ist Träger des Gedächtnisses.

Innerhalb des Neocortex befindet sich der präfrontale Cortex als das eigentliche Zentrum unserer intellektuellen Funktionen.

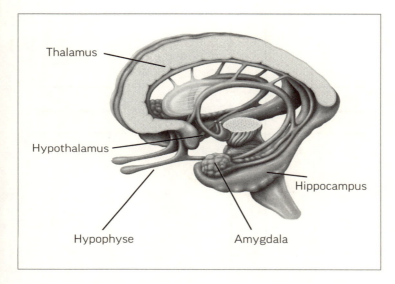

Abbildung 3. Das limbische System.

Als einziger Teil des Gehirns verarbeitet er keine Sinneseindrücke. Solange in unserem Bewusstsein nichts Neues geschieht, ist der präfrontale Hirnlappen weitgehend deaktiviert. Wenn aber etwas Neues geschieht und neue Gedanken verfolgt werden, erwacht der präfrontale Hirnlappen und das Bewusstsein wird glasklar. So ermöglicht uns dieser menschlichste Teil unseres Gehirns die Autonomie von allem Gewordenen der Vergangenheit.

Sowohl phylogenetisch wie ontogenetisch entwickelt sich das Gehirn von «unten nach oben». Bei den einfachen Tieren ist nur der untere Teil ausgebildet, bei den höheren Tieren auch die darüberliegenden Bereiche. Beim Menschen wird zuerst der untere Teil ausgebildet, dann die darüberliegenden Bereiche. In der Ontogenese sind dementsprechend die unteren Bereiche bereits mit der Geburt ausgereift, während die oberen Bereiche, insbeson-

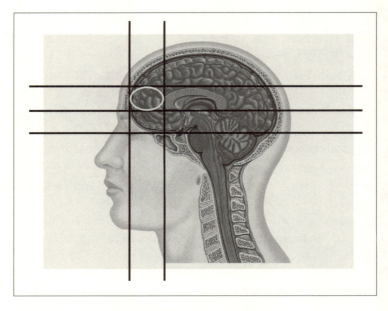

Abbildung 4: Der präfrontale Cortex.

dere der präfrontale Cortex, sich erst im Laufe der Entwicklung ausbilden. Auf die weiteren Details wollen wir hier nicht eingehen, es soll aber wenigstens ein allgemeiner Eindruck der Gehirnentwicklung entstehen.

Autonomiebildung auch in der Gehirnentwicklung
Generell gesprochen haben wir bei der Kulturentwicklung, mit der die beschriebene Gedächtnisentwicklung einhergeht, eine Zunahme an Autonomie beobachten können, denn der Mensch wurde mithilfe der jeweils neuen Formen des Gedächtnisses immer unabhängiger von seiner Umwelt, bis er schließlich auf sei-

ne eigene Biografie, auf sich selbst hinschauen und dementsprechend selbstbestimmt, autonom handeln konnte. Die kulturelle Entwicklung, insbesondere die Erfindung der Schrift führte zur Ausdifferenzierung des präfrontalen Cortex, der mehr und mehr die Funktion der instinktiven Schichten des Gehirns wie des limbischen Systems als Träger des Gedächtnisses übernahm.

Erinnern wir uns nochmals an die oben schon zitierte Aussage Steiners: «In alten Zeiten, als der Mensch noch nicht die kombinierende Kraft seines heutigen Verstandes hatte, als er noch nicht imstande war, zu rechnen und zu zählen im heutigen Sinne, als er noch nicht seine Verstandeslogik ausgebildet hatte, da hatte er dafür eine andere Kraft der Seele: Er hatte ein universelles Gedächtnis ausgebildet. Dieses musste abnehmen, musste zurücktreten, damit auf seine Kosten unser heutiger Verstand zu seiner Entwicklung kommen konnte.»[102]

Der präfrontale Cortex kann damit als Organ der Autonomiebildung angesehen werden. Indem der Mensch nicht mehr abhängig ist von rhythmisch wiederholten Ritualen, die ihn allein aus dem Gedächtnis heraus handeln lassen und insofern jegliche Eigeninitiative, jegliches autonome Handeln verhindern, kann er aus sich selbst heraus, aus eigenständig, unabhängig von äußeren Eindrücken gebildeten Gedanken handeln.

Damit geht die oben bereits beschriebene Ersetzung des Gedächtnisses durch externe Medien einher. Der Mensch emanzipiert sich im Laufe der Makroevolution immer mehr von seinem an das limbische System (Hippocampus) gebundenen Gedächtnis, indem er mehr und mehr Inhalte auf äußere Medien verlagert. So werden seine Gedanken der Schrift und dem Buch anvertraut, wahrgenommene Bilder dem Foto oder Film, gehörte Musik der Schallplatte und alle diese Eindrücke schließlich dem universellen Speicher des Computers. Lediglich die körpernahen Eindrücke des Geruchssinns, Geschmackssinns, des Tastsinns und des Wärmesinns bleiben allein dem Gedächtnis vorbehalten.[103]

Die Entwicklungsstufen des kleinen Kindes

In dieser Weise lässt sich die biologische Seite der Makroevolution, die wir bisher betrachtet haben, beschreiben. Nun wollen wir auf die Mikroevolution, die Ontogenese schauen, das heißt auf die Entwicklungsstufen des Bewusstseins beim ganz kleinen Kind, insbesondere in den ersten drei Lebensjahren. Dabei werden wir uns neben dem erwähnten Buch von Greenspan und Shanker vor allem auf das für unsere Fragestellung wohl bedeutendste Werk *Das autobiografische Gedächtnis* des Hirnphysiologen und Gedächtnisspezialisten *Hans J. Markowitsch* und des Sozialpsychologen *Harald Welzer* stützen.[104] Ebenso wie Shanker und Greenspan sind Welzer und Markowitsch nicht ausschließlich an ihrer eigenen Fachdisziplin, sondern vor allem an interdisziplinärer Forschung interessiert. Nur diese, so scheint es uns, kann auf die hier in Rede stehenden Fragen wirkliche Antworten geben.

Bei der Betrachtung der kindlichen Entwicklung in den ersten drei Lebensjahren wird es vor allem darum gehen, diese unter dem Gesichtspunkt der Herausbildung von Autonomie zu betrachten. Wie wir gesehen haben, steht die Ausbildung von Autonomie in einem unmittelbaren Wechselverhältnis mit der Evolution des Gedächtnisses. Wenn das Gedächtnis die Grundlage des Ich-Bewusstseins bildet, so muss an den Stufen der Herausbildung des Ich-Bewusstseins, die mit der Herausbildung der Autonomie einhergeht, auch die Entwicklung des Gedächtnisses ablesbar sein. Schauen wir uns diese Stufen genauer an.

Grundsätzlich unterscheidet die Entwicklungspsychologie zwei Phasen der Ich-Entwicklung, die vor allem der amerikanische Psychologe *Daniel Stern* erforscht hat: die ersten 18 Lebensmonate, die Phase des «existenziellen Selbst» oder des «I», und die Zeit vom 18. Lebensmonat bis zur Vollendung des dritten Lebensjahres, die Phase des «kategorialen Selbst» oder des «Me».[105]

Der erste Zeitraum von 18 Monaten, in dem die Welt nur wahrnehmend und erinnernd im Modus des Angetroffenen erlebt wird, gliedert sich wiederum in vier Phasen:

Vier Stufen des Selbstempfindens in der Entwicklung des existenziellen Selbst («I»)
(nach Daniel Stern)

0 bis 2 Monate
auftauchendes Selbstempfinden

2 bis 9 Monate
Kernselbstempfinden

9 bis 15 Monate
subjektives Selbstempfinden

15 bis 18 Monate
verbales Selbstempfinden

In der ersten Phase des auftauchenden Selbstempfindens stellen Säuglinge erstmals Verbindungen zwischen verschiedenen Ereignissen her. In der Phase des Kernselbstempfindens machen Säuglinge die Erfahrung, dass sie und der andere physisch getrennte Wesenheiten sind, zwei Körper, die miteinander in Beziehung treten können, ohne miteinander zu verschmelzen. In der Phase des subjektiven Selbstempfindens wird dem anderen bereits eine eigene Psyche, ein eigenes Innenleben zugeschrieben. In der vierten Phase des verbalen Selbstempfindens schließlich entdecken Säuglinge, dass andere persönliches Wissen und Erfahrungen haben, das sie mithilfe von Symbolen mitteilen können. Diese Phase wird im Alter von 18 Monaten damit abgeschlossen, dass sich das kleine Kind im Spiegel selbst identifizieren kann.

Wie mit diesen vier Phasen der ersten 18 Monate die Entwicklung von Autonomie einhergeht, zeigt die folgende Übersicht:

Beispiele für die Herausbildung von Autonomie

Lebensmonat	Selbstkonzept	Ausdruck
Geburt	existenzielles Selbst, leibliches Selbstempfinden	körperliche Trennung vom Leib der Mutter
4 bis 5 Monate	existenzielles Selbst, leibliches Selbstempfinden	Gegenstände wollen selbstständig ergriffen werden
7 bis 10 Monate	existenzielles Selbst, leibliches Selbstempfinden	Fortbewegung: Richtung des Kriechens wird selbst bestimmt
12 bis 18 Monate	existenzielles Selbst, leibliches Selbstempfinden	Das Kind will selbstständig essen und trinken.

Dem folgt nun innerhalb weiterer 18 Monate die Ausbildung des «kategorialen Selbst» mithilfe von Sprache und Denken. Es ist die

Herausbildung des kategorialen Selbst («Me») durch Sprache und Denken

Mit 18 Monaten
sich selbst im Spiegel erkennen.

18 bis 30 Monate
Entwicklung eines Selbstkonzeptes mithilfe der Sprache; Worte werden als verbale Symbole benutzt und teilen Gefühle mit.

24 bis 36 Monate
Logisches Verknüpfen von Begriffen durch das Denken. Das Kind beginnt, zu sich «Ich» zu sagen. Es entsteht das persönlich-biografische Gedächtnis.

Zeit, in der sich das kleine Kind stufenweise immer mehr von der Umwelt absetzt und abgrenzt und die damit abgeschlossen wird, dass es schließlich «Ich» zu sich sagt.

Bevor wir nun die damit verbundene Entwicklung des autobiografischen Gedächtnisses genauer anschauen, sollen anhand einer grafischen Übersicht die hier festgestellten Entwicklungsphasen des Kindes mit den von uns betrachteten Kulturphasen der Menschheit verglichen werden:

Kultur, Gedächtnis und Bewusstsein

Phylogenese	Zeitalter	Monate	Ontogenese
lokales Gedächtnis, Himmelsgeschichte	Frühgeschichte, bis ca. 3000 v. Chr.	0 bis 18 Monate	existenzielles Selbst, «leibliches» Gedächtnis (Gehen)
rhythmisches Gedächtnis, mythologische Geschichte	frühe Hochkulturen bis ca. 1000 v. Chr.	18 bis 32 Monate	kategoriales Selbst, «fühlendes Gedächtnis» (Sprechen)
autobiografisches Gedächtnis, Schriftgedächtnis, Erdgeschichte	antike Hochkulturen, vorderer Orient, Ägypten, Griechenland, ab ca. 2500 v. Chr.	ab ca. 24 Monate	Ich-Bewusstsein, autobiografisches «Ich-Gedächtnis» (Denken)

Hierbei ist wieder zu beachten, dass die Phylogenese zum großen Teil in verschiedenen geografischen Kulturräumen, jedoch zeitlich sich überschneidend abläuft, sodass von einer scharfen Trennung von Entwicklungsepochen wie beim einzelnen Menschen natürlich nicht gesprochen werden kann. Auch fällt bei diesem Vergleich auf, dass sich die phylogenetische Entwicklung nicht in gleich langen Epochen abgespielt hat, sondern dass die erste Phase der «Himmelsgeschichte» wesentlich länger gedauert haben muss als die darauffolgende der «mythologischen Geschichte». Im Hinblick auf die anthroposophische Entwicklungslehre der ersten drei Lebensjahre sei hier nur am Rande bemerkt, dass die drei hier dargestellten Phasen übereinstimmen mit den von Rudolf Steiner beschriebenen drei Entwicklungsschritten des Gehens, Sprechens und Denkens.[106]

Die Entwicklung des autobiografischen Gedächtnisses

Schauen wir nun auf die Phasen der Entwicklung des autobiografischen Gedächtnisses, das die eigentliche Grundlage des kategorialen Selbst und des «Ich-Sagens» bildet.

Bei der Untersuchung der Phasen der Gedächtnisentwicklung stellten Markowitsch und Welzer sogleich fest, «dass das autobiografische Gedächtnis keineswegs nur als etwas Individuelles zu verstehen ist, sondern funktional vor allem die Synchronisierung des Einzelnen mit seiner Umwelt gewährleistet.»[107] Aus der Fülle von Umwelteindrücken und Umweltbeziehungen, in denen sich das kleine Kind vom ersten Tag nach seiner Geburt an befindet, ergeben sich zunächst die unterschiedlichsten Erfahrungen. Im Felde dieser sich ständig verändernden Erfahrungen zentriert sich durch die Ausbildung des autobiografischen Gedächtnisses nach und nach ein dauerhaftes, immer bleibendes Zentrum heraus, das dann als «Ich» bezeichnet wird. Markowitsch und Welzer lehnen sich bei der Darstellung der einzelnen Entwicklungsphasen, wie sie die nachfolgende Übersicht zeigt,[108] an die Ausführungen der Entwicklungs- und Kulturpsychologin *Katherine Nelson* an.[109]

Nelson beschreibt die erste Phase des Selbstverstehens als ein Selbstempfinden, das überwiegend *physisch* erfahren wird. Das

Phasen der Gedächtnisentwicklung

Niveau des Selbstverste-	Alter	mentale Fähigkeit	Gedächtnis
physisch	0–9 Monate	emotionale Bindung	experientiell
sozial	6–18 Monate	sozialer Austausch	semantisch
kognitiv	16–36 Monate	Ich-Du-Perspektive	episodisch
repräsentational	2–4 Jahre	kontinuierliche Selbsterfahrung	episodisch autobiografisch
narrativ	3–6 Jahre	meine Geschichte	autobiografisch
kulturell	5–7 Jahre	unsere Geschichte	autobiografisch

Baby erlebt wohl schon eine Grenze zwischen seinem Körper und anderen Personen, zu denen es eine emotionale Beziehung aufbaut. Vorgeburtlich existiert diese Grenze ja noch nicht, da sich das Baby noch innerhalb des Leibes der Mutter befindet und auch rein physisch mit diesem noch in engster Beziehung steht. Mit neun Monaten beginnt das Kind allmählich, relationale Unterscheidungen vorzunehmen hinsichtlich der Rolle, die es selbst im Unterschied zu den anderen spielt, etwa in regelhaften Abläufen wie dem Füttern, Anziehen etc. Deshalb nennt Nelson diese Phase auch *soziales Selbstverstehen*. Diese Phase ist bereits eng mit dem Gedächtnis verbunden, insofern sie zum einen auf der Unterscheidung anderer Personen voneinander und vom eigenen Selbst beruht, zum anderen auf das Wissen von wiederkehrenden Abläufen aufbaut.

Kognitives Selbstverstehen setzt mit dem sprachlichen Selbstbezug ein, etwa durch Personalpronomina oder durch den eigenen

Namen. Das ist auch die Phase, in der das Kind sich im Spiegel selbst erkennen lernt, was vorher nicht möglich war. Es lernt nun auch, sich aus der Perspektive der anderen wahrzunehmen, weshalb in dieser Phase erstmals auch Scham- oder Schuldgefühle auftreten können. Es besteht in dieser Phase aber noch kein kontinuierliches Selbstbewusstsein unabhängig von akuten Situationen. Jetzt setzt aber der sogenannte «memory talk» ein, jene Phase, in der Eltern mit dem Kind über vergangene Erlebnisse sprechen können, in denen sie selbst eine Rolle gespielt haben. Eine erste retrospektive Wahrnehmungsdimension wird ausgebildet.

Das *kontinuierliche Selbstverstehen,* das mit dem vierten Lebensjahr einsetzt, beruht schließlich auf der Wahrnehmung eines übertemporalen, permanenten Selbst, das sprachlich mit dem Ich-Sagen zum Ausdruck kommt. Jetzt ist auch die Quelle, aus der sich die Erinnerungen an Vergangenes speisen, eindeutig als Selbst identifizierbar.

Mit dem Ende des Vorschulalters wird schließlich das *narrative Selbstverstehen* erreicht, wobei sich das Kind als jemand erlebt, der eine eigene Geschichte hat, die sich von der Geschichte anderer Menschen unterscheidet.

Mit dem Schulalter wird dann das *kulturelle Selbstverstehen* entwickelt, bei dem sich das Kind in einem kulturellen Rahmen erlebt, der nach Zeitabschnitten und Räumen differenziert ist, etwa wenn es von der Schule nach Hause kommt und dementsprechend eine andere soziale Rolle einnehmen muss. Das Kind beginnt auch, Vergleiche zwischen einem Ideal-Ich, das kulturell bestimmt ist («guter Schüler»), und dem aktuellen Ich anzustellen und kann auch Bezüge zu bereits überwundenen Stufen herstellen («damals, als ich noch in den Kindergarten ging»).

Die Phasen der Gedächtnisbildung, die mit diesen Stufen einhergehen, lassen sich nach Markowitsch und Welzer so beschreiben:

In der ersten Phase speichert das Gedächtnis zunächst körperliche Abläufe, erinnert wiederkehrende Handlungen, aber nicht bewusst. Mit der zweiten Phase wird das Gedächtnis sozial, Personen können als konstant begriffen werden. Es entsteht ein semantisches Gedächtnis, für das Dinge auch dann existieren, wenn sie gerade nicht vorhanden sind. Mit der dritten Phase, dem kognitiven Selbstverstehen, beginnt sich ein episodisches Gedächtnis herauszubilden, das Kind erfährt sich in Relation zu anderen Menschen. Mit dem Entstehen des repräsentationalen Selbst wird das episodische Gedächtnis um den Ich-Bezug erweitert und das autobiografische Gedächtnis entsteht. Das Kind kann sich nun an gemeinsame Erlebnisse mit anderen erinnern und sich selbst darin unterscheiden. Damit einher geht das Gefühl der Selbst-Kontinuität, das Ich-Gefühl, das dem Kind im Rahmen fluktuierender Ereignisse Sicherheit gibt, sich als einzigartiges und stabiles Selbst erleben zu können. Auf dieser Grundlage wird das Kind mehr und mehr zum handlungsfähigen und später auch verantwortlichen Mitglied einer sozialen und kulturellen Gemeinschaft.[110]

Deutlich wird dabei aber auch, dass Kinder «nicht als Individuen in eine Welt treten, die sie dann sozialisiert, sondern immer schon Bestandteil eines Beziehungsgeflechts sind, in dem sie heranwachsen. Das Gedächtnis wird dabei mehr und mehr Ausdruck eben dieses sozialen Beziehungsgeflechts. Es ist die Grundlage des Individualitätsbewusstseins, das sich aber erst aus den sozialen Beziehungen heraus bilden kann, in denen es aufwächst.

Wir werden im vorletzten Kapitel, in dem es um die Erweiterung des Gedächtnisses durch «Karmaübungen» geht, noch sehen, welche Rolle der soziale Umkreis der anderen Menschen im Hinblick auf das Ich als Zentrum des eigenen Bewusstseins spielt.

Zusammenschau

Beim Vergleich von ontogenetischer Entwicklung und Phylogenese fällt sofort ins Auge, dass das Bewusstsein für die eigene Geschichte sowohl in der Menschheits- wie in der individuellen Entwicklung an dem Punkt auftritt, wo sich der Mensch seiner selbst als individuell handelndes Wesen bewusst wird, sich selbst als von anderen Unterschiedener, aus eigenen Antrieben heraus Handelnder begreift und sich als ein kontinuierlich entwickelndes Wesen unabhängig von momentan vorhandenen Eindrücken erfährt. In der Ontogenese ist dieser Moment mit drei bis vier Jahren erreicht, und von da an geht die Entwicklung kontinuierlich weiter. In der Phylogenese sehen wir diesen Moment in der griechischen Zeit eintreten, wo auf Grundlage der bereits durch die Ägypter eingeleiteten Schriftkultur nun der Übergang zum Individualitätsbewusstsein und zum Erfassen der eigenen Geschichte als irdische Geschichte eintritt.

Bevor wir zurückkommen auf die Frage nach der zukünftigen Entwicklung des Gedächtnisses, die uns im Zusammenhang mit der Frage nach dem «Lesen in der Akasha-Chronik» beschäftigt, wollen wir diesen Moment der Menschheitsgeschichte im antiken Griechenland noch gesondert ins Auge fassen. Er lässt sich nämlich an zwei Gestalten besonders deutlich ablesen, die wir deshalb genauer anschauen wollen: *Platon* und *Homer*. Auf der Grundlage dieser Betrachtung wird uns die Beschaffenheit unseres heutigen Gedächtnisses noch deutlicher werden, um dann dessen Weiterentwicklung umso besser verstehen zu können.

7. PLATON UND HOMER – DAS SCHRIFTGEDÄCHTNIS ALS GRUNDLAGE DER ICH-ENTWICKLUNG

Wenden wir uns nun nochmals dem Übergang vom schriftlosen zum Schriftbewusstsein zu. Wie wir gesehen haben, hatte die Menschheit – von Ausnahmen abgesehen – in früheren Zeiten noch kein persönliches Ich-Bewusstsein wie wir heute, sondern ein übergreifendes Gruppen- oder Menschheitsbewusstsein. Das war durch die entsprechende Form des Gedächtnisses bedingt, das sich nicht auf das Persönliche, sondern auf die Gruppe oder sogar die ganze Menschheit erstreckte und dementsprechend weit zurückreichte. Diese Form des Gedächtnisses gab es praktisch in allen schriftlosen Kulturen. Langsam erlischt diese Form des kollektiven Gedächtnisses mit dem Auftreten der Schrift.

In der ägyptischen Kultur nimmt der Gott *Thot* oder *Theuth* als Erfinder der Schrift dabei eine bedeutende Rolle ein. Den Übergang vom schriftlosen zum schriftgebundenen Gedächtnis haben aber wohl erst die Griechen bewusst reflektiert, weil sie bereits über ein Individualitätsbewusstsein verfügten, wie es die Ägypter noch nicht gekannt hatten.

PLATON

Platon (427–347 v. Chr.) hat die damit verbundene Bewusstseinsveränderung wohl am deutlichsten ins Auge gefasst. Im alten Ägypten hatte man begonnen, die vorgeschichtlichen Erinnerungen aufzuzeichnen, die Griechen aber verfügten über solche Aufzeichnungen noch nicht, wohl aber über eine Mythologie wie die *Ilias* und die *Odyssee Homers* (8. Jh. v. Chr.). Auf Homer als Übergangsform vom mythologischen Sänger zum Historiker werden wir noch zu sprechen kommen.

Atlantis

In seinen Dialogen *Timaios* und *Kritias* spricht Platon mithilfe der Geschichte vom untergegangenen Kontinent *Atlantis* vom Wandel des Gedächtnisses im Zusammenhang mit der Frage, warum die Ägypter von Atlantis noch etwas wussten, die Griechen aber nicht mehr.

Im *Timaios* berichtet der Erzähler, *Kritias,* wie sein Großvater, der ebenfalls Kritias hieß, sich einmal mit *Solon* (ca. 640–ca. 561 v. Chr.) über die Vorgeschichte Griechenlands unterhalten habe. Es geht hier also um die Frage nach der *Geschichte*. Diese wird aber von Kritias (dem Großvater) und Solon mit dem *Gedächtnis* in Zusammenhang gebracht. *Geschichte* und *Gedächtnis* werden hier noch als Einheit angesehen. Beim Lesen der folgenden Passage achte man deshalb besonders auf diesen Zusammenhang, wobei auch deutlich wird, dass Solon genau in der Zeit zwischen Homer und Platon im 6. Jh. v. Chr. gelebt hat.

«*Kritias:* So höre denn, Sokrates, eine gar seltsame, aber durchaus wahre Geschichte, wie sie einst Solon, der Weiseste unter den Sieben, erzählt hat. Er war nämlich, wie bekannt, ein Verwandter und vertrauter Freund meines Urgroßvaters Dropides, wie er auch selber wiederholt in seinen Gedichten sagt; meinem Großvater Kritias aber erzählte er bei irgendeiner Gelegenheit, wie es dieser als Greis wiederum mir mitteilte, dass es viele vor alters von unserem Staat vollbrachte bewunderungswürdige Taten gäbe, welche durch die Länge der Zeit und den Untergang der Menschen in Vergessenheit geraten wären; von allen aber sei eine die größte; und diese ist es, deren Andenken mir jetzt zu erneuern geziemt, um sowohl dir meinen Dank abzutragen, als auch zugleich die Göttin an ihrem gegenwärtigen Feste auf eine echte und gebührende Weise wie durch einen Lobgesang zu verherrlichen.

Sokrates: Wohl gesprochen! Aber was für eine Tat ist denn das, die Kritias, obgleich sie der Überlieferung unbekannt ist, dir dennoch als eine in Wahrheit vor alters von dieser Stadt vollbrachte nach dem Berichte des Solon mitteilte?

Kritias: So will ich denn diese alte Geschichte erzählen, die ich von einem nicht mehr jungen Manne vernommen. Es war nämlich damals Kritias, wie er sagte, schon beinahe neunzig Jahre, ich aber so ungefähr zehn alt. Nun war gerade der Knabentag der Apaturien, und was sonst jedes Mal an diesem Feste gebräuchlich ist, geschah auch diesmal mit den Kindern: Preise setzten uns nämlich die Väter für den besten Vortrag von Gedichten aus. So wurden denn viele Gedichte von vielen anderen Dichtern hergesagt; namentlich aber trugen viele von uns Kindern manche von denen des Solon vor, weil diese zu jener Zeit noch etwas Neues waren. Da äußerte nun einer von den Genossen unserer Phratrie, sei es, dass dies damals wirklich seine Ansicht war, sei es, um dem Kritias etwas Angenehmes zu sagen, es scheine ihm Solon sowohl in allen anderen Stücken der Weiseste als auch in Bezug auf die Dichtkunst unter allen Dichtern der edelste zu sein. Der Greis nun – denn ich erinnere mich dessen noch sehr wohl – ward sehr erfreut und erwiderte lächelnd: «Wenigstens, Amynandros, wenn er die Dichtkunst nicht bloß als Nebensache betrieben, sondern, wie andere, seinen ganzen Fleiß auf sie verwandt und die Erzählung, welche er aus Ägypten mit hierher brachte, vollendet und nicht wegen der Unruhen und durch alle anderen Schäden, welche er hier bei seiner Rückkehr vorfand, sich gezwungen gesehen hätte, sie liegen zu lassen, dann wäre, wenigstens nach meinem Dafürhalten, weder Homeros noch Hesiodos noch irgendein anderer Dichter je berühmter geworden als er.

Aber was für eine Geschichte war denn dies?, fragte jener.

Die Schilderung der größten und mit vollem Rechte ruhmwürdigsten Tat von allen, welche diese Stadt vollbracht, von welcher aber wegen der Länge der Zeit und des Unterganges derer, die sie vollbracht haben, die Überlieferung sich nicht bis auf uns erhalten hat.

So erzähle mir denn vom Anfange an, versetzte der andere, was und wie und von wem Solon hierüber Beglaubigtes gehört und es danach berichtet hat.

Es gibt in Ägypten, versetzte Kritias, in dem Delta, um dessen Spitze herum der Nilstrom sich spaltet, einen Gau, welcher der saitische heißt, und die größte Stadt dieses Gaus ist Sais, von wo ja auch der König Amasis gebürtig war. Die Einwohner nun halten für die Gründerin ihrer Stadt eine Gottheit, deren Name auf ägyptisch Neith, auf griechisch aber, wie sie angeben, Athene ist; sie behaupten daher, große Freunde der Athener und gewissermaßen mit ihnen stammverwandt zu sein. Als daher Solon dorthin kam, so wurde er, wie er erzählte, von ihnen mit Ehren überhäuft, und da er Erkundigungen über die Vorzeit bei denjenigen Priestern einzog, welche hierin vorzugsweise erfahren waren, so war er nahe daran zu finden, dass weder er selbst noch irgendein anderer Grieche, fast möchte man sagen, auch nur irgendetwas von diesen Dingen wisse. Und einst habe er, um sie zu einer Mitteilung über die Urzeit zu veranlassen, begonnen, ihnen die ältesten Geschichten Griechenlands zu erzählen, ihnen vom Phoroneus, welcher für den ersten Menschen gilt, und von der Niobe, und wie nach der Flut Deukalion und Pyrrha übrig blieben, zu berichten und das Geschlechtsregister ihrer Abkömmlinge aufzuzählen, und habe versucht, mit Anführung der Jahre, welche auf jedes einzelne kamen, wovon er sprach, die Zeiten zu bestimmen. Da aber habe einer der Priester, ein sehr bejahrter Mann, ausgerufen: O Solon, Solon, ihr Hellenen bleibt doch immer Kinder, und einen alten Hellenen gibt es nicht!

Als nun Solon dies vernommen, habe er gefragt: Wieso? Wie meinst du das?

Ihr seid alle jung an Geiste, erwiderte der Priester, denn ihr tragt in ihm keine Anschauung, welche aus alter Überlieferung stammt, und keine mit der Zeit ergraute Kunde. Der Grund hiervon aber ist folgender: Es haben schon viele und vielerlei Vertilgungen der Menschen stattgefunden und werden auch fernerhin noch stattfinden, die umfänglichsten durch Feuer und Wasser, andere, geringere aber durch unzählige andere Ursachen. Denn was auch bei euch erzählt wird, dass einst Phaiton, der Sohn des Helios, den Wagen seines Vaters bestieg und, weil er es nicht verstand, auf dem Wege seines Vaters zu fahren, alles auf der Erde verbrannte und selber vom Blitze erschlagen ward, das klingt zwar wie eine Fabel, doch ist das Wahre daran die veränderte Bewegung der die Erde umkreisenden Himmelskörper und die Vernichtung von allem, was auf der Erde befindlich ist, durch vieles Feuer, welche nach dem Verlauf gewisser großer Zeiträume eintritt. Von derselben werden dann die, welche auf Gebirgen und in hoch gelegenen und wasserlosen Gegenden wohnen, stärker betroffen als die Anwohner der Flüsse und des Meeres, und so rettet auch uns der Nil, wie aus allen andern Nöten, so auch alsdann, indem er uns auch aus dieser befreit. Wenn aber wiederum die Götter die Erde, um sie zu reinigen, mit Wasser überschwemmen, dann bleiben die, so auf den Bergen wohnen, Rinder- und Schafhirten, erhalten; die aber, welche bei euch in den Städten leben, werden von den Flüssen ins Meer geschwemmt; dagegen in unserem Lande strömt weder dann noch sonst das Wasser vom Himmel herab auf die Fluren, sondern es ist so eingerichtet, dass alles von unten her über sie aufsteigt. Daher und aus diesen Gründen bleibt alles bei uns erhalten und gilt deshalb für das Älteste. In Wahrheit jedoch gibt es in allen Gegenden, wo nicht übermäßige Kälte oder Hitze es wehrt, stets ein bald mehr, bald minder zahlreiches Menschengeschlecht. Nur aber liegt bei uns alles, was bei euch oder in der Heimat oder in anderen Gegenden vorgeht, von denen wir durch Hörensagen wissen, sofern es irgendwie etwas

Treffliches oder Großes ist oder irgendeine andere Bedeutsamkeit hat, insgesamt von alters her in den Tempeln aufgezeichnet und bleibt also erhalten. Ihr dagegen und die übrigen Staaten seid hinsichtlich der Schrift und alles anderen, was zum staatlichen Leben gehört, immer eben erst eingerichtet, wenn schon wiederum nach dem Ablauf der gewöhnlichen Frist wie eine Krankheit die Regenflut des Himmels über euch hereinbricht und nur die der Schrift Unkundigen und Ungebildeten bei euch übrig lässt, sodass ihr immer von neuem gleichsam wieder jung werdet und der Vorgänge bei uns und bei euch unkundig bleibt, so viel ihrer in alten Zeiten sich ereigneten. Wenigstens eure jetzigen Geschlechtsverzeichnisse, lieber Solon, wie du sie eben durchgingst, unterscheiden sich nur wenig von Kindermärchen. Denn erstens erinnert ihr euch nur einer Überschwemmung der Erde, während doch so viele schon vorhergegangen sind; sodann aber wisst ihr nicht, dass das trefflichste und edelste Geschlecht unter den Menschen in eurem Lande gelebt hat, von denen du und alle Bürger eures jetzigen Staates herstammen, indem einst ein geringer Stamm von ihnen übrig blieb; sondern alles dies blieb euch verborgen, weil die Übriggebliebenen viele Geschlechter hindurch ohne die Sprache der Schrift ihr ganzes Leben hinbrachten. Denn es war einst, mein Solon, vor der größten Zerstörung durch Wasser der Staat, welcher jetzt der athenische heißt, der beste im Kriege und mit der in allen Stücken ausgezeichnetsten Verfassung ausgerüstet, wie denn die herrlichsten Taten und öffentlichen Einrichtungen von allen unter der Sonne, deren Ruf wir vernommen haben, ihm zugeschrieben werden.

Als nun Solon dies hörte, da habe er, wie er erzählte, sein Erstaunen gezeigt und angelegentlichst die Priester gebeten, ihm die ganze Geschichte der alten Bürger seines Staates in genauer Reihenfolge wiederzugeben.

Der Priester aber habe erwidert: Ich will dir nichts vorenthalten, mein Solon, sondern dir alles mitteilen, sowohl dir als eurem

Staate, vor allem aber der Göttin zuliebe, welche euren sowie unseren Staat gleichmäßig zum Eigentume erhielt und beide erzog und bildete, und zwar den euren tausend Jahre früher aus dem Samen, den sie dazu von der Erdgöttin Gäa und dem Hephaistos empfangen hatte, und später ebenso den unsrigen. Die Zahl der Jahre aber, seitdem die Einrichtung des Letzteren besteht, ist in unseren heiligen Büchern auf achttausend angegeben. Von euren Mitbürgern, die vor neuntausend Jahren entstanden, will ich dir also jetzt in Kurzem berichten, welches ihre Staatsverfassung und welches die herrlichste Tat war, die sie vollbrachten; das Genauere über dies alles aber wollen wir ein andermal mit Muße nach der Reihe durchgehen, indem wir die Bücher selber zur Hand nehmen. Von ihrer Verfassung nun mache dir eine Vorstellung nach der hiesigen: denn du wirst viele Proben von dem, was damals bei euch galt, in dem, was bei uns noch jetzt gilt, wiederfinden, zuerst eine Kaste der Priester, welche von allen andern gesondert ist, sodann die der Gewerbetreibenden, von denen wieder jede Klasse für sich arbeitet und nicht mit den anderen zusammen, samt den Hirten, Jägern und Ackerleuten; endlich wirst du auch wohl bemerkt haben, dass die Kriegerkaste hierzulande von allen anderen gesondert ist, und dass ihr nichts anderes, außer der Sorge für das Kriegswesen, vom Gesetze auferlegt ist. Ihre Bewaffnung ferner besteht aus Spieß und Schild, mit denen wir zuerst unter den Völkern Asiens uns ausrüsteten, indem die Göttin es uns, ebenso wie in euren Gegenden euch zuerst, gelehrt hatte. Was sodann die Geistesbildung anlangt, so siehst du wohl doch, eine wie große Sorge das Gesetz bei uns gleich in seinen Grundlagen auf sie verwandt hat, indem es aus allen auf die Naturordnung bezüglichen Wissenschaften bis zu der Wahrsagekunst und der Heilkunst zur Sicherung der Gesundheit hin, welche alle göttlicher Natur sind, dasjenige, was zum Gebrauche der Menschen sich eignet, heraussuchte und sich dergestalt alle diese Wissenschaften und alle andern, welche mit ihnen zusammenhängen, aneignete. Nach dieser ganzen Anordnung und Einrichtung gründete nun die Göttin zuerst euren Staat, indem sie den Ort eurer Geburt mit Rücksicht darauf erwählte, dass die dort herrschende glückliche Mischung der Jahreszeiten am besten dazu geeignet sei, verständige Männer zu erzeugen. Weil also die Göttin zugleich den Krieg und die Weisheit liebt, so wählte sie den Ort aus, welcher am meisten sich dazu eignete, Männer, wie sie ihr am ähnlichsten sind, hervorzubringen, und gab diesem zuerst seine Bewohner. So wohntet ihr denn also dort im Besitze einer solchen Verfassung und noch viel anderer trefflicher Einrichtungen und übertraft alle anderen Menschen in jeglicher Tugend und Tüchtigkeit, wie es auch von Sprösslingen und Zöglingen der Götter nicht anders zu erwarten stand. Viele andere große Taten eures Staates nun lesen wir in unseren Schriften mit Bewunderung; von allen jedoch ragt eine durch ihre Größe und Kühnheit hervor:

Unsere Bücher erzählen nämlich, eine wie gewaltige Kriegsmacht einst euer Staat gebrochen hat, als sie übermütig gegen ganz Europa und Asien zugleich vom Atlantischen Meere heranzog. Damals nämlich war das Meer dort fahrbar: Denn vor der Mündung, welche ihr in eurer Sprache die Säulen des Herakles heißt, hatte es eine Insel, welche größer war als Asien und Libyen zusammen, und von ihr konnte man damals nach den übrigen Inseln hinübersetzen, und von den Inseln auf das ganze gegenüberliegende Festland, welches jenes recht eigentlich so zu nennende Meer umschließt. Denn alles das, was sich innerhalb der eben genannten Mündung befindet, erscheint wie eine bloße Bucht mit einem engen Eingange; jenes Meer aber kann in Wahrheit also und das es umgebende Land mit vollem Fug und Recht Festland heißen. Auf dieser Insel Atlantis nun bestand eine große und bewundernswürdige Königsherrschaft, welche nicht bloß die ganze Insel, sondern auch viele andere Inseln und Teile des Festlands unter ihrer Gewalt hatte. Außerdem beherrschte sie noch von den hier innerhalb liegenden Ländern Libyen bis nach Ägypten und Europa bis nach Tyrrhenien hin. Indem sich nun diese ganze Macht zu einer Heeresmasse vereinigte, unternahm sie es, unser und euer Land und überhaupt das ganze innerhalb der Mündung liegende Gebiet mit einem Zuge zu unterjochen. Da wurde nun, mein Solon, die Macht eures Staates in ihrer vollen Trefflichkeit und Stärke vor allen Menschen offenbar. Denn vor allen andern an Mut und Kriegskünsten hervorragend, führte er zuerst die Hellenen; dann aber ward er durch den Abfall der anderen gezwungen, sich auf sich allein zu verlassen, und als er so in die äußerste Gefahr gekommen, da überwand er die Andringenden und stellte Siegeszeichen auf und verhinderte so die Unterjochung der noch nicht Unterjochten und gab den andern von uns, die wir innerhalb der herakleischen Grenzen wohnen, mit edlem Sinne die Freiheit zurück. Späterhin aber entstanden gewaltige Erdbeben und Überschwemmungen, und da versank während eines schlimmen Tages und einer schlimmen Nacht das ganze streitbare Geschlecht bei euch scharenweise unter die Erde; und ebenso verschwand die Insel Atlantis, indem sie im Meere unterging. Deshalb ist auch die dortige See jetzt unfahrbar und undurchforschbar, weil der sehr hoch aufgehäufte Schlamm im Wege ist, welchen die Insel durch ihr Untersinken hervorbrachte.

Da hast du nun, lieber Sokrates, was mir vom alten Kritias auf Solons Bericht hin erzählt wurde, so in Kurzem vernommen. Und so fiel mir denn auch, als du gestern über den Staat und seine Bürger, wie du sie schildertest, sprachst, eben das, was ich jetzt mitgeteilt habe, dabei ein, und mit Erstaunen bemerkte ich, wie wunderbar du durch ein Spiel des Zufalls so überaus nahe in den meisten Stücken mit dem zusammentrafst, was Solon erzählt hatte. Doch wollte ich es nicht sogleich sagen, denn nach so langer Zeit hatte ich es nicht mehr gehörig im Gedächtnisse, und ich merkte daher, dass es nötig wäre, bei mir selber zuvor gehörig alles wieder zu überdenken und dann erst darüber zu sprechen. Darum war ich auch so rasch mit den Aufgaben, welche du gestern stelltest, einverstanden, indem ich glauben durfte, ich werde um das, was in allen solchen Fällen die meisten Schwierigkeiten macht, nämlich einen den Erwartungen der Zuhörer entsprechenden Stoff zugrunde zu legen, eben nicht in Verlegenheit sein. Deshalb nun rief ich es mir denn auch ins Gedächtnis zurück, indem ich es gestern gleich, wie auch Hermokrates schon bemerkt hat, als ich von hier fortging, unseren beiden Fremden mitteilte, und ebenso sann ich, nachdem ich sie verlassen hatte, während der Nacht darüber nach und habe mir dadurch so ziemlich alles wieder zur vollen Erinnerung gebracht. Und in der Tat, es ist wahr, was das Sprichwort sagt: Was man als Knabe lernt, das merkt sich wunderbar. Ich meinerseits wenigstens weiß es nicht, ob ich das, was ich gestern hörte, mir so alles im Gedächtnis wieder vergegenwärtigen könnte; von dem eben Erzählten aber, was ich vor so langer Zeit gehört habe, sollte es gar sehr mich wundernehmen, wenn mir irgendetwas davon entschwunden wäre. Ich hatte aber auch schon damals, als ich es hörte, nach Kinderart viel Freude daran, weshalb ich denn den Alten, der auch stets bereit war, mir Rede zu stehen, wiederholt immer von Neuem danach fragte, sodass es wie mit unauslöschlichen Zügen sich mir eingebrannt hat. Daher teilte ich denn auch den Gastfreunden gleich heute Morgen eben dies mit, damit es auch ihnen gleich mir nicht an Stoff zu Reden gebräche. Jetzt also, um auf das zurückzukommen, weswegen dies alles bemerkt worden ist, bin ich bereit, lieber Sokrates, nicht bloß im Ganzen und Großen, sondern auch in den einzelnen Zügen alles, wie ich es gehört habe, vorzutragen, und die Bürger und den Staat, welche du gestern uns gleichsam nur wie in einer Dichtung geschildert hast, werde ich jetzt in die Wirklichkeit, und zwar hierher [nach Athen] versetzen, indem ich annehme, dass jener Staat der unsrige gewesen ist, und werde behaupten, dass die Bürger, wie du sie dir dachtest, jene unsere leibhaftigen Voreltern gewesen sind, von welchen der Priester sprach. Sie werden ganz dazu stimmen, und wir werden durchaus das Richtige treffen, wenn wir sagen, dass sie die seien, welche in der damaligen Zeit lebten. Wir werden uns jedoch in die Aufgabe, welche du uns gestellt hast, teilen und so alle mit vereinten Kräften sie nach Vermögen gebührend zu lösen versuchen, und es ist eben deshalb vorher zuzusehen, lieber Sokrates, ob dieser Stoff nach unserem Sinne ist, oder ob wir noch erst einen anderen an seiner Stelle zu suchen haben.»[III]

Zunächst einmal fällt an dieser Geschichte von *Atlantis* auf, in welcher Weise sie von Platon eingeführt wird. Sokrates befindet sich im Dialog mit Kritias, der ihm eine Geschichte erzählt, die er von seinem Großvater Kritias gehört habe, die dieser wiederum von Solon gehört habe, welcher diese von einem ägyptischen Priester erfahren habe. Es wird hier also größter Wert darauf gelegt, dass die Kette der Erinnerungen ununterbrochen ist. Geschichte wird hier noch ganz aus dem Gedächtnis heraus erzählt, wobei deutlich wird, dass die Griechen selbst nicht in der Lage wären, diese aus ihrem Gedächtnis heraus bis hin zum sagenhaften Atlantis zu rekonstruieren. Um diese Frage der *Rekonstruktion von Erinnerung* geht es aber im Kern des Mythos von Atlantis.

Was an der Kernerzählung des Ägypters ebenfalls auffällt, sind die deutlichen Parallelen zur Darstellung der Evolution bei Rudolf Steiner, etwa in der *Geheimwissenschaft im Umriss* oder in den Aufsätzen *Aus der Akasha-Chronik*. Die ganze Erzählung von den verschiedenen Zeitaltern der Erde, die von Katastrophen und Vernichtung durch die Elemente des Feuers und des Wassers unterbrochen werden, ähnelt den Schilderungen Steiners über die alten Kontinente von *Lemurien* und *Atlantis* in auffälliger Weise.

Insofern wir hier von der Entwicklung von Gedächtnis und Erinnerung sprechen, können wir an der Schilderung des Ägypters erkennen, dass dieser auf Erinnerungen zurückgreifen kann, die ganz offensichtlich einem kollektiven, umfassenden Gedächtnis entnommen sind. Die Erzählung des ägyptischen Priesters beruht ja zunächst auf den «heiligen Büchern», das heißt also auf Geschriebenem. In diesen «heiligen Büchern» ist das vorher noch Erinnerbare offensichtlich beim Erlöschen des alten Gedächtnisses aufgeschrieben worden. Der Priester setzt ja die Gründung der Stadt Sais, in der die «heiligen Bücher» aufbewahrt wurden, tausend Jahre nach dem Untergang der Atlantis an. Mithin müsste sich die Erinnerung bis dahin unabhängig von schriftlichen Aufzeichnungen erhalten haben.

Dennoch muss man wohl unterscheiden zwischen der mythischen Schilderung Platons im *Timaios* und Steiners Darstellungen aus der *Akasha-Chronik,* denn Steiner spricht darin nicht in mythologischen Bildern, weil er sich mit dem «Lesen in der Akasha-Chronik» auf eine Sphäre bezieht, die sich auch im platonischen Verständnis oberhalb der Sphäre der mythischen Bilder befindet.[112] Zu beachten ist außerdem, dass Steiner aus einem auf Grundlage des heutigen Gedächtnisses weiterentwickelten Bewusstsein heraus spricht, wie wir bereits dargestellt haben. Im Übrigen schildert Steiner in Bezug auf prähistorische Zeiten keine äußeren Details von Kriegszügen oder ähnlichen historischen Ereignissen, wie Platon es in seiner Atlantis-Erzählung tut. Bei Steiner finden sich im Hinblick auf Atlantis lediglich innere Beschreibungen der Bewusstseinsverfassung der Menschheit, wie sie den damaligen zivilisatorischen und kulturellen Verhältnissen zugrunde lagen.

Was will uns der Atlantis-Mythos sagen?

Ungeachtet der Fragen, die in der Philosophiegeschichte und in der historischen Forschung unendlich oft diskutiert worden sind, woher nun Platon den Mythos von Atlantis genommen hat, ob er seine eigene Erfindung war oder nicht, kommt es uns hier zunächst nicht auf den Wahrheitsgehalt dieses Mythos an. Wir richten unser Interesse erst einmal darauf, ob Platon anhand der

Erzählung von Atlantis nicht noch etwas anderes darstellen wollte: nämlich den *Wandel von Gedächtnis und Erinnerung*. Denn schon die bereits zitierte Stelle aus dem Dialog *Phaidros* macht uns deutlich, dass sich Platon mit dieser Frage intensiv auseinandergesetzt hat.

Auch im *Phaidros* wird auf Ägypten verwiesen, wenn es um den Wandel des Gedächtnisses geht, und zwar im Zusammenhang mit der Erfindung der Schrift durch *Theuth*. Dieser erscheint als der Verursacher eines Bewusstseinswandels, der letztlich zum Erlöschen des vorher allumfassenden Gedächtnisses führte. Die ganze Schilderung des Kritias ist ihrem Subtext nach eigentlich nichts anderes als die Beschreibung einer Kette von Erinnerungen oder, wie es die Esoterikforschung ausdrücken würde, die Beschreibung einer «Konstruktion von Tradition». Lesen wir diesen Subtext aber richtig, erscheinen uns darin die Wandlungen des Gedächtnisses. Der eigentliche Text diente dann nicht nur der Beschreibung von *Geschichte,* sondern er verweise uns zugleich auf die Wandlung des *Gedächtnisses*. Wie Jan Assmann richtig bemerkt, hat «die Unterscheidung zwischen Fakten und Fiktionen [...], wo es um Erinnerung geht und nicht um historische Forschung, gar keine Bedeutung [...]. Daher muss auch die Gedächtnisgeschichte, anders als die Geschichtsforschung, von diesem Unterschied absehen.»[113]

Dass es im *Timaios* um *Erinnerung* geht, kann auch schon der Anfang des Dialogs deutlich machen, indem Sokrates auf Ausführungen, die er bereits zuvor über das Wesen der Staatsführung gemacht hatte, rekurriert und seine Gesprächsgenossen zur Erinnerung an diese auffordert. Das Thema der Staatsführung aber hat seinerseits, wie wir am Beispiel der mosaischen Gesetzestafeln gesehen haben, mit Erinnerung und Gedächtnis zu tun. Wo nämlich ein kollektives Gedächtnis als Grundlage gesellschaftlicher Einrichtungen dient, sind keine geschriebenen Gesetze erforderlich. Diese werden erst in dem Moment notwendig, wo das

Ahnengedächtnis, das *mythologische Gedächtnis* erlischt. Auf den Vergleich eines älteren Gemeinwesens, das auf einem solchen kollektiven Gedächtnis noch beruhte, mit dem Staatswesen der griechischen Gegenwart scheint es Platon abgesehen zu haben.

Im Übrigen war sich Platon der Bedeutung des Übergangs vom mythologischen zum Schriftgedächtnis nicht nur im Hinblick auf das Geschichtsbewusstsein, also die Art des Gedächtnisses, bewusst, sondern auch im Hinblick auf die Bedeutung der Gesetzgebung. In *Gesetze*, Buch III, beschreibt Platon eine Frühform der Zivilisation, in der die Menschen nur aus Gewohnheiten, also aus dem Gedächtnis heraus, handelten, nicht nach geschriebenen Gesetzen, weil es die Schrift noch gar nicht gab.[114]

Verfolgen wir den Gang der Erzählung weiter, so stoßen wir gleich wieder auf ein Gedächtnisphänomen, als nämlich Kritias erzählt, dass sich von der Atlantis-Geschichte wegen des zeitlichen Abstands in Griechenland keine Erinnerung erhalten habe. Dann hebt Kritias hervor, dass er die Atlantis-Geschichte von seinem Großvater anlässlich eines Festes, dem «Knabentag der Apaturien», gehört habe, an dem es üblich gewesen sei, dass die Kinder einen Preis für das am besten vorgetragene Gedicht bekommen hätten, also für das am besten ausgebildete Gedächtnis! Hier steht dem Vergessen der Atlantis-Geschichte angesichts der Länge der seitdem vergangenen Zeit das Erinnern eines Gedichts bei den Kindern unmittelbar gegenüber, so als wollte uns Platon darauf aufmerksam machen, dass eben das Gedächtnis mit dem Älterwerden abnimmt – und das nicht nur beim einzelnen Menschen, sondern auch bei der Menschheit als Ganzes.

In der Stadt, deren Schutzgottheit *Athene,* mit ägyptischem Namen *Neith*, gewesen sei, nämlich in Sais, habe Solon nun die Atlantis-Geschichte von einem ägyptischen Priester erfahren. Warum erwähnt Platon hier Athene? Etwa um uns darauf hinzuweisen, dass es um die bei den Griechen mit Athene auftretende Bewusstseinsform geht, die mit der Veränderung des Gedächtnisses einhergeht? In jedem Fall war man in Sais stolz darauf, die vergangenen Ereignisse in «heiligen Büchern» aufbewahrt zu haben.

Nun folgt die lange Erzählung des ägyptischen Priesters, in der er die Vergangenheit Griechenlands wieder in Erinnerung ruft. Auf sie brauchen wir hier inhaltlich nicht weiter einzugehen, weil es uns nicht um den Inhalt der Erzählung geht, sondern um die Form der Erinnerung, in der diese auftritt. Innerhalb seiner Erzählung hebt nun der Priester den Unterschied des Gedächtnisses bei den Ägyptern und Griechen hervor und erklärt ihn mit äußeren Naturgegebenheiten. In Griechenland nämlich würden die Aufzeichnungen immer wieder durch Naturkatastrophen ausgelöscht, in Ägypten dagegen würden sie aufgrund der festen Beschaffenheit der Tempel dauerhaft aufbewahrt. Grundsätzlich sei das Gedächtnis der Ägypter besser ausgeprägt, weil es die Vergangenheit länger und deutlicher aufbewahren könne.

Was aber besagt das? Doch nur so viel, dass in Ägypten das Prinzip der *Bewahrung und der Tradition* stärker ausgeprägt war als in Griechenland. Das aber ist, wie wir bereits gesehen haben, ein deutliches Anzeichen dafür, dass der Einzelne in Ägypten noch sehr begrenzte Möglichkeiten hatte, aus sich heraus zu handeln, denn das Handeln war eben noch ganz aus dem Gedächtnis heraus, durch Traditionen geprägt. Diese muss der Einzelne aber überwinden und über Bord werfen, wenn er aus sich heraus handeln will.

Um diese Frage also geht es im Hintergrund der Erzählung, nämlich um die Ordnung des Staates, die natürlich immer dann gefährdet ist, wenn Einzelne willkürlich aus sich heraus handeln. Daher betont der Ägypter Solon gegenüber auch, dass damals, also zur Zeit des sagenhaften Atlantis, schon dieselbe Gesellschaftsordnung geherrscht habe, wie sie zu Solons Zeit in Ägypten immer noch bestand, «denn du wirst viele Proben von dem, was damals bei euch galt, in dem, was bei uns noch jetzt gilt, wiederfinden».

In Griechenland aber ging es gerade darum, dem Einzelnen innerhalb der Staatsordnung mehr und mehr Geltung zu verschaffen, während die Ordnung, die der Ägypter beschreibt, ein streng gegliedertes und hierarchisch aufgebautes Kastenwesen darstellt. Und er scheint stolz darauf zu sein, dass sich diese Ordnung über einen Zeitraum von über 8000 Jahren erhalten hat. Während in Ägypten Tradition und langes Aufbewahren von Gewohnheiten vorherrschte, charakterisiert der Priester die Griechen als Kinder, die sich kaum einer Tradition bewusst zu sein scheinen.

Indem nun erzählt wird, dass es die vorzeitlichen Griechen waren, die jene noch ältere Streitmacht, nämlich die des sagenhaften Atlantis, zurückgeworfen hätten, wird wiederum deutlich, worum es Platon im Kern der Erzählung eigentlich geht: *die Überwindung eines Bewusstseinszustandes durch einen darauffolgenden*. Die Ägypter benötigten zu ihren Erinnerungen bereits «heilige Schriften», die es bei den davorliegenden Kulturen, den «Atlantiern», noch nicht gegeben habe. Die Ägypter waren aber offensichtlich noch nicht dazu bereit, diesem Schriftgedächtnis individuellen Ausdruck zu verleihen. Deshalb erhalten sich die schriftgebundenen Traditionen auch dermaßen lange.

Erst bei den Griechen tritt an die Stelle des traditionsgebundenen Gedächtnisses der Ägypter nun das individuelle Gedächtnis, das sich auf den Einzelnen bezieht und nicht mehr auf das Kollektiv. Das ist es, was die Atlantis-Geschichte Platons eigentlich besagen will. Nicht umsonst betont Kritias am Ende seiner Rede gegenüber Sokrates, wie sehr er sich sein ganzes Leben über immer wieder bemüht habe, die Atlantis-Geschichte im Gedächtnis zu behalten, so als wolle er das Vergessen und den Übergang des aus dem Gedächtnis mündlich Reproduzierbaren in die Form der Schrift, den Übergang des Mythos zum Logos, noch aufhalten.

Dass für Platon die Verwandlung des Gedächtnisses von größter Bedeutung war, zeigt auch die zitierte Stelle aus dem *Phaidros*, die den Übergang vom mythologischen Gedächtnis und der mündlichen Überlieferung zum persönlichen, schriftgebundenen Gedächtnis in Form des Theuth-Mythos genau beschreibt.

Der Sinn der platonischen Mythen

Man darf die platonischen Mythen also nicht allein wörtlich interpretieren, sondern muss gerade an den Stellen, an denen Platon mythologische Bilder verwendet, auch auf den hinter diesen Bildern liegenden Sinn achten.[115] Sonst hätte er sich dieser Bilder ja nicht zu bedienen brauchen, wenn er damit nur etwas Prosaisches, Wortwörtliches hätte zum Ausdruck bringen wollen. Der Atlantis-Mythos im *Timaios* und der Theuth-Mythos im *Phaidros* weisen deshalb beide, wenn man die in ihnen gegebenen Bilder richtig liest, noch auf eine höhere Ebene hin, nämlich die der *Evolution des Gedächtnisses*. Auf der wörtlichen Ebene hat man es mit *Geschichte* zu tun, auf der mythischen Ebene mit *Gedächtnis*.

Dadurch wird aber auch deutlich, dass die «Gedächtnisgeschichte» der Esoterikforschung, zu der eben auch die platonischen Mythen zählen, so lange keinen der Geschichte der Historiker gleichrangigen Stellenwert erhalten wird, wie man deren Inhalte nicht mit einer *anderen Methode* zu lesen versteht. Herkömmliche Geschichtswissenschaft kann mit dem naturwissenschaftlichen Gegenstandsbewusstsein betrieben werden, Gedächtnisgeschichte dagegen nicht, denn dabei kommt es auf das Lesen der in ihr aufbewahrten Bilder an. Mythologische Bilder weisen auf einen anderen Bewusstseinszustand hin, der sich nur dann erschließt, wenn man das eigene Bewusstsein dementsprechend verwandelt.[116]

Hat der Atlantis-Mythos einen historischen Kern?

Es bleibt aber nun die Frage, was wir von der wörtlichen Ebene des Atlantis-Mythos zu halten haben. Wäre das Ganze nur ein Mythos im Sinne einer bildhaften Erzählung, die auf einen Sinn hinter den Bildern verweisen möchte, dann hätte die wörtliche Ebene keinen Wahrheitsgehalt, so wie auch die Bilder eines Märchens auf der wörtlichen Ebene keinen wörtlich zu nehmenden Sinn ergeben. Mithin wäre aber von *Geschichte* hier gar nicht die Rede, sondern nur von *Gedächtnis*. Dann aber wäre die mehrfache Betonung des Kritias, dass es sich hierbei um eine *wahre Geschichte* handle, sinnlos bzw. falsch. Außerdem hätten wir dann bezüglich der Schilderungen Steiners aus der *Akasha-Chronik* ein Problem. Diese würden dann nämlich ihren historischen Bezug verlieren, den Steiner ihnen aber von Anfang an beimisst.

Wie auch bei den nachfolgend noch zu betrachtenden Schilderungen Homers bezüglich des Trojanischen Krieges, stellt sich bei Platons Atlantis-Geschichte immer noch die Frage nach ihrem historischen Gehalt. Nicht umsonst stellt Kritias (der Großvater) ja die Darstellung Solons auf eine Stufe mit den Mythen Homers. Und wie schon gesagt, legt Platon Wert auf die Tatsache, dass der Atlantis-Mythos *wahr* sei.[117] Aber in welchem Sinne?

Der Mythos beschreibt die Welt nicht im Sinne der *Geschichte* des Historikers von *außen*, sondern im Sinne des *Gedächtnisses* von *innen*. Er beschreibt also ein Weltbild aus der Sicht des mythischen Bewusstseins, das heißt eines Bewusstseins, das bezüglich seines Gedächtnisses noch nicht an schriftliche Aufzeichnungen gebunden ist, weil es alles aus sich heraus erinnern kann. Damit ist es aber auch in anderer Weise mit seiner Umwelt verbunden als das schriftgebundene Bewusstsein, nämlich viel stärker in einer Einheit mit derselben: in einer Art *Umkreisbewusstsein*. Diesem Umkreisbewusstsein entspricht die Beschreibung der Beschaffenheit des atlantischen Kontinents in auffälliger Weise, insbesondere die zweite Schilderung desselben im Dialog *Kritias*, die die Schilderung im *Timaios* ergänzt. Hier ist die Rede von einem in konzentrischen *Kreisen* aufgebauten Kontinent.[118] Die ganze damalige Zivilisation erscheint *kreisförmig* aufgebaut.

Platons Schilderung des atlantischen Kontinents ist, eben weil es damals noch keine schriftlichen Aufzeichnungen (also keine *Geschichte*), sondern nur *Gedächtnis* gab, Gedächtnisgeschichte, das heißt eine aus dem Bewusstseinszustand der damaligen Menschheit heraus erzählte Geschichte. Es ergibt also keinen Sinn, hier nach der Wahrheit dieser Schilderung zu fragen, weil diese aus der Sicht des sich erinnernden Bewusstseins wahr sein muss. Wo es noch kein historisches Bewusstsein gab, Menschen also auch nicht aus historischem Bewusstsein heraus handeln konnten, ergibt es keinen Sinn, nach historischen Fakten zu fragen, da diese für die damaligen Menschen keine Bedeutung gehabt hätten.

Platon bringt, wie wir gesehen haben, die Atlantis-Geschichte gerade aus dem Grund zur Sprache, weil er an ihr die Bewusstseinsveränderung, den Fortschritt im Bewusstsein von der alten atlantischen Kultur über die ägyptische Kultur zur griechischen Kultur zeigen will. Die vorzeitlichen Griechen hatten sich gegen die Atlantier behauptet, bevor dieser Kontinent durch eine Flutkatastrophe vernichtet wurde. Die Ägypter konnten das Gedächtnis an diese Zeit dadurch bewahren, dass sie die Ereignisse schriftlich festhielten und in traditionsbewusster Weise aufbewahrten. Erst im klassischen Griechenland erlischt die alte Art des Gedächtnisses, die Griechen reflektieren diesen Vorgang nun erstmals im historischen Sinne, sie werden sich der Geschichte als Erdgeschichte und damit der Bedeutung der menschlichen Individualität bewusst. Dementsprechend muss auch ihr soziales Gefüge auf dieses Individualitätsbewusstsein aufgebaut werden.

In diesem Sinne haben wir es also bei Platons Schilderung tatsächlich mit *Gedächtnisgeschichte* zu tun, aber Platon setzt diese Perspektive seiner Schilderung bewusst ein, um gerade dadurch die Bewusstseinsveränderung, die Evolution von Gedächtnis und Erinnerung deutlich zu machen.

Rudolf Steiners Perspektive auf Atlantis

Wir haben bei der Frage nach dem historischen Gehalt der Atlantis-Geschichte in Platons *Timaios* gesehen, dass diese Frage insofern die Problematik nicht erfasst, als der Atlantis-Mythos aus der Gedächtnisperspektive heraus erzählt wird, das heißt der Perspektive des damaligen Bewusstseins, das eben noch kein historisches Bewusstsein war. Wie aber und mit welcher Intention beschreibt dann Rudolf Steiner den atlantischen Kontinent? Er beruft sich dabei ja, anders als Platon, auf die Akasha-Chronik. Was aber enthält diese? Kann diese etwas anderes enthalten, als es dem jeweiligen Bewusstsein der damals handelnden Menschen entspricht? Anders gesprochen: Schildert Rudolf Steiner, wenn er Darstellungen aus der Akasha-Chronik gibt, aus der Sicht eines neutralen Beobachters, oder schildert er aus dem Bewusstsein der jeweils beschriebenen Kultur heraus? Erzählt er mit dem Anspruch, *Geschichte* darzustellen, oder entwickelt er *Gedächtnisgeschichte?*

Diese Frage stellt sich auch für das Reinkarnationsgedächtnis. Machen wir uns die Problematik anhand eines Vergleichs klar: Wenn ich mich an ein Ereignis aus meiner Kindheit erinnere, dann erlebe ich dieses ja zunächst aus der Perspektive meines damaligen Bewusstseins. Ich kann dieses dann allerdings im Nachhinein aus heutiger Perspektive korrigieren. Beispielsweise erinnere ich mich an die Straße, in der ich als Kind immer gespielt habe. Aus damaliger Perspektive erscheint mir diese viel länger, die umgebenden Häuser viel größer als heute, wenn ich die Straße wieder aufsuche. Meine Erinnerungseindrücke sind also nicht perspektivisch, sie korrigieren sich nicht selbst. Auf die Reinkarnationserinnerung übertragen hieße das: Die Erinnerungen an ein weit zurückliegendes Ereignis erscheinen zunächst in der damals erlebten Bewusstseinsgestalt. Nachträglich kann ich sie dann aus heutiger Sicht interpretieren.

Auf Steiners Schilderungen aus der Akasha-Chronik bezogen müsste also gefragt werden: Was ist daran in der originalen Perspektive geschildert und was ist aus einem interpretierenden Bewusstsein heraus gesagt? Also auch hier wieder die Frage nach der Perspektive des *Gedächtnisses* und der Perspektive der *Geschichte*.

In Kapitel 4 haben wir nun aber bereits gesehen, dass die Perspektive Rudolf Steiners eigentlich weder die eines historischen Bewusstseins ist noch die der Gedächtnisgeschichte, sondern dass er sein eigenes Bewusstsein in das Bewusstsein höherer geistiger Wesenheiten übergehen lässt. Aus dieser Perspektive wird in der Akasha-Chronik gelesen.

Mnemosyne

Diese Dimension wird auch bei Platon angedeutet, wenn *Kritias* im gleichnamigen Dialog von Sokrates aufgefordert wird, die Götter anzurufen, bevor er mit seiner aus dem Gedächtnis erzählten Darstellung der Atlantis beginnt. Dabei ruft *Kritias* auch die Göttin *Mnemosyne* an, «denn in dieser Göttin Hand liegt wohl das Wichtigste unserer Rede».[119] Mnemosyne aber, die Mutter aller Musen, verfügt über eine Art Allwissen, sie weiß, was ist, was war und was sein wird. Auch Homer wendet sich an diese Muse, wenn er von der Vergangenheit erzählt. Die Darstellung des Kritias ebenso wie die Homers verbleibt aber im Bereich des Mythischen, der Gedächtnisgeschichte.[120]

Anders bei Steiner: Hier erfolgt die Darstellung so, dass sie von einem irdischen Normalbewusstsein nachvollzogen werden kann: «Der Inhalt des geistig Geschauten lässt sich nur in Bildern (Imaginationen) wiedergeben, durch welche Inspirationen sprechen, die von intuitiv erlebter geistiger Wesenheit herrühren. [...] Aber der Darsteller der Imaginationen aus der Geistwelt kann gegenwärtig nicht bloß diese Imaginationen hinstellen. Er stellte damit etwas dar, das als ein ganz anderer Bewusstseinsinhalt neben dem Erkenntnisinhalt unseres Zeitalters, ohne allen Zusammenhang mit diesem, stünde. Er muss das gegenwärtige Bewusstsein mit dem erfüllen, was ein anderes Bewusstsein, das in die Geistwelt schaut, erkennen kann. Dann wird seine Darstellung diese Geistwelt zum Inhalte haben; aber dieser Inhalt tritt in der Form von Gedanken auf, in die er hineinfließt. Dadurch wird er dem gewöhnlichen Bewusstsein, das im Sinne der Gegenwart denkt, aber noch nicht in die Geistwelt hineinschaut, voll verständlich. [...] Um aber ein solches Verständnis wirklich möglich zu machen, muss der Darsteller des geistig Geschauten seine Schauungen bis zu einem richtigen Hineingießen in die Gedankenform bringen, ohne dass sie innerhalb dieser Form ihren imaginativen Charakter verlieren.»[121]

Damit wird aber auch der Unterschied zu Platon ersichtlich, der seine Atlantis-Geschichte eben noch nicht in die Gedankenform bringt, sondern diese bewusst in mythisch-imaginativer Form belässt. Platon war sich des Unterschiedes der mythischen zur gedanklichen Darstellungsform aber genau bewusst, denn um diesen geht es ihm letztlich. Und die Atlantis-Geschichte dient, wie wir gesehen haben, eigentlich nur dem Ziel, den Unterschied dieser beiden Darstellungsformen, der Gedächtnisgeschichte und der historischen Geschichte, des *Mythos* und des *Logos* herauszuarbeiten.

Wenn wir nach Rudolf Steiners Perspektive im Hinblick auf Atlantis fragen, dann müssen wir uns immer klarmachen, dass es bei den Darstellungen aus der Akasha-Chronik nicht um den Standpunkt eines *äußeren Beobachters* geht, den wir in unserem *Beobachterbewusstsein* ständig einnehmen, sondern es geht um die Perspektive der *Ich-Entwicklung,* das heißt der *inneren* Beobachtung von Bewusstseinszuständen. Wenn wir also wie in dem ganz am Anfang zitierten Beispiel von einem vollkommen anderen Gedächtnis der Atlantier erfahren (siehe S. 17f.), dann kommt es Rudolf Steiner letztlich nicht darauf an, die äußere Umgebung bis hin in die geografischen Verhältnisse zu beschreiben, sondern es kommt ihm unter dem Gesichtspunkt der *Ich-Entwicklung* auf diesen Bewusstseinsaspekt an. Wenn er in dem «Programm» seiner Akasha-Forschung von 1903 (siehe S. 65f.) von einem «dritten Buch» dieser Forschung spricht, um das er sich bemühen wolle, dann ist es das Buch der *Ich-Entwicklung*.[122] Wir sollten also die Atlantis-Frage bei Rudolf Steiner nicht als eine *geologische Frage* behandeln,[123] weil wir dabei wieder nur den uns so gewohnten *Beobachter-Standpunkt* einnehmen, sondern uns auf die *Innenperspektive* Rudolf Steiners, auf den *dritten Schritt der Anthroposophie*[124] einlassen, der eben der Perspektive der Ich-Entwicklung entspricht.

Steiner macht darüber hinaus auch deutlich, dass die imaginativen Formen, die seiner Darstellung zugrunde liegen, höheren Formen der Anschauung, der Inspiration und Intuition entspringen, die, wie wir gesehen haben, Bewusstseinsformen höherer Wesenheiten entsprechen. Dabei dürfen wir eben keinen *Beobachter-Standpunkt* einnehmen, keinen Film erwarten, der vor uns abläuft wie im Kino, sondern Wahrnehmungen von Bewusstseinszuständen, deren äußere Umgebung von diesem Gesichtspunkt aus sekundärer Natur ist. Man sollte diese deshalb auch nicht unter geologischen Gesichtspunkten infrage stellen, weil diese Herangehensweise von einem solchen Beobachter-Standpunkt den Kern der Sache verfehlt. Wohl aber geht es darum, die *Gedanken*, in die Steiner seine Anschauungen gegossen hat, in reiner Form zu *denken*.

Mit den hier angesprochenen höheren Formen des Erkennens wollen wir uns im nächsten Kapitel weiter beschäftigen. Hier können wir abschließend noch einmal festhalten, dass es Steiner möglich war, auf dem «Weg hinab» von der intuitiven Erkenntnis, also der Stufe der griechischen *Mnemosyne*, zur begrifflichen

Erkenntnis gedankliche Ausdrucksformen zu entwickeln, die Platon offensichtlich noch nicht zur Verfügung standen.

Kommen wir nun zu der zweiten, geistesgeschichtlich ebenso bedeutsamen Gestalt wie Platon, zu *Homer*. Auch bei ihm stoßen wir auf den Zusammenhang der Gedächtnisentwicklung, den Übergang vom kollektiven zum individuellen Gedächtnis.

HOMER

Die Epen Homers als Ausdruck eines kollektiven Gedächtnisses, das sich mehr und mehr individualisiert, sind dem Stand der heutigen Forschung nach ein einmaliges Zeugnis für die Übergangsphase von mündlich, also aus dem Gedächtnis vorgetragenen, zu schriftlich fixierten Epen. «Was uns in der Dichtung Homers entgegentritt, ist daher eine Verschmelzung von mündlichen und schriftlichen Elementen.»[125] Zwar ist die Person des Dichters nach wie vor biografisch nicht genauer fassbar, dennoch geht die Forschung heute von seiner Existenz im 8. Jahrhundert v. Chr. aus. Fehlende schriftliche Zeugnisse sind nicht Ausdruck seiner Nichtexistenz, sondern lediglich der Tatsache, dass die Schrift im 8. Jahrhundert in Griechenland erst langsam in Gebrauch kam. Das Erstaunliche ist nämlich, dass die *Ilias* und die *Odyssee* selbst den Prozess der Textualisierung eingeleitet haben. So geht *Joachim Latacz* davon aus, «dass Ilias und Odyssee […] im letzten Drittel des 8. Jahrhunderts v. Chr. entstanden sind, dass sie im Kernland der westasiatischen Siedlungsregion des griechischen Teilstamms der Ionier geschaffen wurden und dass sie die Schöpfungen *eines oder doch je eines großen Dichtersängers* darstellen.»[126]

Damit setzt das, was wir die griechische Dichtung nennen, mit einem Paukenschlag ein. Was haben wir damit vor uns? Den Ausdruck eines zu sich selbst kommenden kollektiven Gedächtnisses, das sich mündlich tradiert hatte, in erstmals fixierter schriftlicher und damit individueller Form. Die Epen Homers, insbesondere die Odyssee, sind der singuläre Ausdruck jenes von uns bereits genauer ins Auge gefassten Übergangs in der Gedächtnisentwicklung. Insofern müssen sich in diesen Dichtungen auch Belege dafür finden lassen. Wir werden nachfolgend bei einer genaueren Betrachtung der *Odyssee* auf diese Stufe der Gedächtnisentwicklung hinblicken.

Homers Gedächtnis

Zunächst aber wollen wir uns fragen, aus welchem Bewusstsein heraus Homer seine beiden Werke schöpfen konnte. Schauen wir uns dazu ein Kunstwerk an, in dem sozusagen die Quellen Homers zur Anschauung gebracht werden. Es ist ein Ehrenrelief mit der Darstellung der Apotheose Homers, geschaffen um 150 v. Chr. von *Archelaos von Priene,* das die Sphäre seines dichterischen Schaffens, die Welt der *Musen,* darstellt. Denn eines wird sofort deutlich, wenn man sich mit der *Ilias* und der *Odyssee* befasst: Homer schreibt die Inspiration seiner Werke *der* Muse zu, bei der es sich um die bereits erwähnte *Mnemosyne* handelt. Wir haben es hier also mit einer genaueren Bezeichnung der Art von Gedächtnis zu tun, aus dem heraus Homer seine Dichtungen verfasste, die beide mit der Anrufung der Muse beginnen: «Den Zorn singe, o Göttin, des Peleiaden Achilleus ...» «Den Mann nenne mir, Muse, den vielgewanderten ...»

Dieses Relief ist in vier Sphären unterteilt.[127] Anhand der Beischriften lassen sich die dargestellten Figuren genauer fassen: Im untersten Bereich thront der Dichter, in der Darstellung Zeus ähnlich, hinter ihm der Gott der unendlichen Zeit, *Chronos,* und die Göttin des bewohnten Erdkreises, *Oikumene,* die ihm den Kranz auflegt. Neben dem Thron kauern «Kinder», *Ilias* und *Odyssee,* dann folgen von links nach rechts die Genien der Dich-

Abbildung 5. *Ehrenrelief mit einer Apotheose Homers,* Kopie eines Werks des Bildhauers Archelaos von Priene, 150 v. Chr.

Abbildung 6. Ausschnitt aus dem *Ehrenrelief für Homer.* Er zeigt Homer auf einem Thron, hinter ihm Chronos und Oikumene, vor ihm Mythos und Historie an einem Rundaltar. Neben dem Thron kauernd seine beiden Kinder *Ilias* und *Odyssee.*

tungsarten *Mythos* und *Historie* an einem Rundaltar, dann *Poesie*, *Tragödie* und *Komödie* und hinten dicht gedrängt Tugend, Gedächtnis, Treue und Weisheit. Darüber erhebt sich in der zweiten und dritten Sphäre der Musenberg, der delphische Parnass mit der heiligen Grotte an seinem Fuß, in der *Apollon* mit dem Saitenspiel steht. Eine Muse überbringt ihm die Schriftrolle des Dichters, dessen Standbild neben der Grotte zu sehen ist. Links neben der Grotte erkennt man weitere Musen am delphischen Omphalos, in der dritten Sphäre dann in zunehmender Bewegtheit die übrigen Musen und schließlich ganz oben ihrer aller Vater, *Zeus*, und ihre Mutter, *Mnemosyne*.

Das homerische Schaffen wird hier im Zusammenhang mit vier aufeinander aufbauenden Sphären dargestellt, die wir versuchsweise auch den vier Wesensebenen zuordnen können: Die unterste Sphäre entspricht der physischen Welt, der Welt des Studiums und der Historie, darüber erhebt sich die ätherische Welt des Lebens, die Welt der Imaginationen und Mythen, darüber die astralische oder Seelenwelt, die Welt der Inspirationen, und ganz oben

befindet sich schließlich die Sphäre des Wesenhaften, des Ich, die göttliche Sphäre der Intuition. Im Zusammenhang mit dem methodischen Betrachten des «Lesens in der Akasha-Chronik» im nächsten Kapitel werden wir auf diese vier Sphären nochmals zurückkommen. In dieser Darstellung Homers kommt jedenfalls die Einbindung der Homerischen Dichtkunst als Kunst der *Mnemosyne*, als «Gedächtniskunst», wunderbar zum Ausdruck.

Der Wandel des Gedächtnisses in der Ilias und der Odyssee

Vergleichen wir die beiden Werke Homers, *Ilias* und *Odyssee*, so können wir dabei die Tendenz einer zunehmenden Individualisierung feststellen. Während die *Ilias* noch das Schicksal *der* Griechen und ihrer Helden unter ständiger Einmischung der sie leitenden und ihnen widerstreitenden Götter zeigt, konzentriert sich die Odyssee zunehmend auf einen Mann, *Odysseus*, der sich vor allem durch seine Listigkeit, durch sein Denken auszeichnet. Durch das Denken macht sich die Individualität immer mehr geltend, durch das Denken verändert sich aber auch das Gedächtnis. Nicht nur die schriftlich fixierte *Form* der beiden Epen, auch ihre *Erzählweise* zeugt von der Veränderung des Gedächtnisses, denn erstmals hören wir nun in einer mythologischen Erzählung, wie sie die *Ilias* und *Odyssee* darstellen, einen *autobiografischen* Bericht in Form der Erzählung des Odysseus vor dem Phäakenkönig *(Odyssee, 7.–12. Gesang)*. Nicht nur, dass wir hier plötzlich eine zusammenhängende Geschichte in *Ich-Form* erzählt bekommen, die Geschichte der Irrfahrten des Odysseus erzählt selbst den Weg einer Individuation.[128]

Stufe um Stufe befreit Odysseus sich von den ihn an seiner Entwicklung hindernden mythischen Gewalten, Stück für Stück überwindet der «Logos» den «Mythos».[129] Wenn Odysseus den einäugigen Zyklopen *Polyphemos* blenden lässt, wenn er den Zauber der *Kirke,* Menschen auf die Tierstufe zurückzuversetzen, durchbricht, wenn er mit Kirkes Hilfe dann schließlich dem Gesang der Sirenen widerstehen und sogar den beiden Mächten *Skylla* und *Charybdis* entkommen kann, dann gehen Odysseus dabei zwar alle seine Helfer verloren, aber er behauptet sich dennoch als Einzelner. Am Ende seiner Irrfahrten entkommt er seinem Hauptfeind, dem Meeresgott *Poseidon,* dem Repräsentanten einer alten, noch nicht denkenden Bewusstseinsform,[130] und er ist allein, ganz auf sich gestellt. Und es ist das Erste, was er nun tut, dass er sich *erinnert* und dem Phäakenkönig *Alkinoos* seine Geschichte erzählt.

Es erscheint wie die Voraussetzung für seine Heimkehr, seine Ich-Findung, dass er vor der letzten Fahrt, die ihn schließlich auf das heimische Ithaka zurückführt, *seine* Geschichte erzählen kann, wenn er auf die Frage der Phäakenkönigin «Wer bist du?» Antwort gibt – *Erinnerung erscheint hier als Grundlage der Ich-Entwicklung.* Zur Pflege, die ihm die Phäaken nach seiner langen Irrfahrt angedeihen lassen, um ihn auf seine Heimkehr vorzubereiten, gehört ganz offensichtlich in erster Linie die Gelegenheit, sich *erinnern* zu können. Zunächst meinen wir, es handle sich bloß um die Neugier der Phäaken, die Odysseus zu seinem Bericht veranlasst. Dann aber können wir bemerken, dass die Phäaken ihn aus *therapeutischen* Gründen zu diesem Bericht auffordern, weil er erst durch diesen sich seiner neu gewonnenen Identität bewusst werden kann.

Zunächst wird Odysseus durch einen Sänger die Vergangenheit des trojanischen Krieges wieder ins Bewusstsein gerufen, an dem er ja selber beteiligt war und an den sich eben seine Irrfahrten anschließen. Zuerst hören wir den Gesang des *Demodokos,* der Odysseus dessen Vergangenheit nochmals in *mythischer* Form vor Augen führt, dann folgt der *autobiografische* Bericht des Odysseus selbst, den er damit beginnt, dass er sich den Phäaken zu erkennen gibt *(Odyssee,* 8. und 9. Gesang). Aus dem «Niemand» des Zyklopenabenteuers (9. Gesang) ist «jemand» geworden.[131]

Nirgendwo sonst ist das, was autobiografisches Gedächtnis, was Individuation, Autonomie ist, deutlicher beschrieben worden als von *Homer* in dieser Passage der *Odyssee*. Nirgendwo sonst als in den beiden Epen Homers lässt sich der Übergang von kollektivem zu individuellem Gedächtnis besser beobachten, und das nicht nur in den Inhalten, sondern eben auch in der äußeren Form des Übergangs von mündlicher zu schriftlich fixierter Tradition. Mit Homer haben wir deutlich den Übergang von *mythologischer Geschichte* zur *Erdgeschichte* vor uns, und *Odysseus* erscheint uns als der Repräsentant dieses Übergangs schlechthin, so wie sein Schöpfer *Homer*. Dieser erschafft in Odysseus den literarischen Ausdruck für den von ihm selber vollzogenen Übergang.

Diese Einsicht ließe sich nun anhand einer detaillierten Auseinandersetzung mit der *Ilias* und der *Odyssee* noch vertiefen. Das aber wäre die Aufgabe einer eigenen, eher literaturgeschichtlichen Untersuchung. Uns kommt es hier lediglich auf den Beleg für die Evolution des Gedächtnisses an, den uns Homer in einmaliger Weise geliefert hat.

Zusammenschau

Wir haben in diesem Kapitel anhand der *Atlantis-Geschichte Platons* und der *Odyssee Homers* gesehen, wie sich der Übergang von der *mythologischen Geschichte* zur *Erdgeschichte*, von der *mündlich tradierten Gedächtnisgeschichte* zur *schriftlich fixierten Historie* bewusstseinsgeschichtlich in Griechenland zwischen dem 8. und dem 4. Jahrhundert v. Chr. vollzogen hat.

Wie eine Zusammenfassung dessen kann das berühmte Bildnis des *Aristoteles* vor der Büste *Homers* erscheinen, das uns *Rembrandt* hinterlassen hat und das wir daher an den Schluss dieses Kapitels setzen wollen.

Abbildung 7. Rembrandt, *Aristoteles vor der Büste Homers*, New York, Metropolitan Museum of Art.

8. DIE ERWEITERUNG DES GEDÄCHTNISSES UND DIE ZWEI WEGE DER SCHULUNG

Nachdem wir bereits die vergangenen Entwicklungsstufen des Gedächtnisses und der Erinnerung betrachtet haben, wollen wir uns nun im Zusammenhang mit dem «Lesen in der Akasha-Chronik» der zukünftigen Entwicklung von Gedächtnis und Erinnerung und zugleich der Erkenntnismethodik Rudolf Steiners, wie sie bereits im Zusammenhang mit der Bedeutung des Reinkarnationsgedankens für die Geschichtserkenntnis und mit Rudolf Steiners Zugang zum Christentum untersucht wurde, zuwenden. Wir hatten dabei die Zusammenführung der Reinkarnationserfahrung mit der intuitiven Einsicht in die historische Erscheinung des Christentums als Schlüssel zum «Lesen in der Akasha-Chronik» entdeckt. Wie ist Rudolf Steiner nun aber im Weiteren vorgegangen?

Erstaunlicherweise hat er die für sich gewonnenen Erkenntnisse weder für sich behalten noch lediglich einem exklusiven Kreis anvertraut, sondern parallel zur Darstellung der Ergebnisse seiner Forschung auch den Erkenntnisweg zumindest in seinen ersten Stufen beschrieben. In dem 1902 erstmals erschienenen Buch *Das Christentum als mystische Tatsache* gibt Rudolf Steiner, wenn auch nur zwischen den Zeilen, den Schlüssel zum «Lesen in der Akasha-Chronik» in der Erfahrung der Vereinigung des Reinkarnationsgedankens mit dem Christentum an (siehe Kapitel 3 und 5). Ab 1904 erscheinen in der Zeitschrift *Lucifer-Gnosis* parallel die Aufsätze *Aus der Akasha-Chronik* und *Wie erlangt man Erkenntnisse der höheren Welten?* Im ersten Aufsatz der Reihe *Aus der Akasha-Chronik* heißt es dazu:

«Aber alles, was in der Zeit entsteht, hat seinen Ursprung im

Ewigen. Nur ist das Ewige der sinnlichen Wahrnehmung nicht zugänglich. Aber dem Menschen sind die Wege offen zur Wahrnehmung des Ewigen. Er kann die in ihm schlummernden Kräfte so ausbilden, dass er dieses Ewige zu erkennen vermag. In den Aufsätzen über die Frage: ‹Wie erlangt man Erkenntnisse der höheren Welten?› [...] wird auf diese Ausbildung hingewiesen. In ihrem Verlaufe werden diese Aufsätze auch zeigen, dass der Mensch auf einer gewissen hohen Stufe seiner Erkenntnisfähigkeit auch zu den ewigen Ursprüngen der zeitlich vergänglichen Dinge dringen kann. Erweitert der Mensch auf diese Art sein Erkenntnisvermögen, dann ist er behufs Erkenntnis der Vergangenheit nicht mehr auf die äußeren Zeugnisse angewiesen. Dann vermag er zu schauen, was an den Ereignissen nicht sinnlich wahrnehmbar ist, was keine Zeit von ihnen zerstören kann. Von der vergänglichen Geschichte dringt er zu einer unvergänglichen vor. Diese Geschichte ist allerdings mit andern Buchstaben geschrieben als die gewöhnliche. Sie wird in der Gnosis, in der Theosophie die ‹Akasha-Chronik› genannt.»[132]

Wir wollen im Folgenden nun untersuchen, wie Rudolf Steiner ganz im Sinne der Worte des «Großen Hüters der Schwelle»: «Bisher hast du nur dich selbst erlöst, nun kannst du als ein Befreier alle deine Genossen in der Sinneswelt mitbefreien»,[133] den anderen Menschen gegenüber versucht hat, die mit dem «Lesen in der Akasha-Chronik» verbundene Erweiterung von Gedächtnis und Erinnerung mindestens im Ansatz zu vermitteln. Damit kommen wir an den Punkt, an dem jeder Einzelne beginnen kann, sich auf den Weg der Erweiterung des Gedächtnisses zu begeben, denn, wie Rudolf Steiner zu Beginn seines Buches *Wie erlangt man Erkenntnisse der höheren Welten?* deutlich macht, schlummern in *jedem Menschen* die Fähigkeiten zur geistigen Erkenntnis, man muss sie nur erwecken.

Denken und Wollen – Punkt und Umkreis

Steiner weist bei allen Angaben zu einer Bewusstseinsschulung immer auf zwei Entwicklungsdimensionen hin.[134] Die eine hängt mit unserem *Denken* zusammen, das heißt mit der leiblich gebundenen Subjekthaftigkeit, dem *Punktbewusstsein,* anthropologisch gesprochen mit unserem Kopfpol. Dessen Entwicklung besteht zunächst darin, seine allein auf das Gewordene, das Tote gerichtete Aufmerksamkeit durch eine *Verlebendigung* so zu erweitern, dass auch das Lebendige, das Organische erfasst werden kann. Diese Erkenntnisart nennt Rudolf Steiner die Stufe der *Imagination.*[135]

Die zweite Entwicklungsdimension aber richtet sich auf unseren *Willen,* anthropologisch gesprochen also auf unsere leibliche Peripherie, den Gliedmaßenpol. Die damit verbundene Erkenntnisstufe nennt Rudolf Steiner *Inspiration.*[136]

Die eine Übungsrichtung geht vom *Punktbewusstsein* aus, die andere vom *Umkreisbewusstsein.* Schauen wir nun im Hinblick auf die Erweiterung des Gedächtnisses für das «Lesen in der Akasha-Chronik» zunächst auf die erste Richtung hin:

«Betrachtet man aber die zeitlichen Kräfte, die im Menschen leben zwischen Geburt und Tod, was stellt sich da heraus? Nun wir haben ja nicht nur ein Bewusstsein des Augenblicks. Wir blicken im gewöhnlichen Leben zurück bis zu einem sehr frühen Punkt in unserer Kindheit, und wir wissen, dass das menschliche Seelenleben krank wäre, wenn man nicht bis zu diesem Punkt in der Kindheit in einem geschlossenen Gedächtnisstrom zurückblicken könnte. Man ist – wenn man ehrlich ist, muss man sich das sagen –, man ist im Grunde genommen nichts anderes in diesem jetzigen Augenblick als dasjenige, was man geworden ist durch seine Erlebnisse, die durch den Gedächtnisstrom wiederum heraufgebracht werden können. Vertieft man sich so in sein Zeitliches zwischen der Geburt und dem gegenwärtigen Augenblick und enthüllt sich einem da, wahrhaftig nicht kinematografisch, aber im inneren Erleben, die nächste Vergangenheit des eigenen Selbstes, dann wird es, wenn man diesen Vorgang in der richtigen Weise durchschaut, nicht mehr wunderbar erscheinen, dass man, wenn man sich nun einlebt in das Ewige, in das Unsterbliche der Seele, das vorhanden war bei allen Vorgängen, die selbst unserer Erdenbildung vorangegangen sind, sich auch einleben kann in dasjenige, was dieses Ewige der Seele erlebt hat. Lebt man sich ein in das, was das Ewige der Seele erlebt hat, dann hat man die kosmische Umgebung um sich, wie man seine persönliche Umgebung durch das gewöhnliche Gedächtnis um sich hat. Es ist dieses übersinnliche Vermögen des Lesens in der sogenannten Akasha-Chronik, das heißt in demjenigen, was man überblickt durch die Erlebnisse der Seele in Bezug auf das Ewige der Seele; es ist nichts anderes, als dass sich in der Seele diese Erlebnisse darstellen, offenbaren, dass man gewissermaßen das gewöhnliche Gedächtnis, das sonst bis zur Geburt hin reicht – oder wenigstens bis zu einem Punkte nahe der Geburt –, dass man dieses gewöhnliche Gedächtnis erweitert zum kosmischen Anschauen.»[137]

Wir sehen hier die Grundlagen der ersten Entwicklungsrichtung vor uns. Um mich als ein Ich zu erfassen, ist eine Geste erforderlich, die in der esoterischen Tradition dem Bild der Schlange, die sich in den Schwanz beißt, entspricht. «Ich erfasse mich» – diese Bewegung findet nicht im Raum, sondern in der Zeit statt. Und da ich mich nicht in der Zukunft erfassen kann, muss ich mich in der Vergangenheit ergreifen, «mich erinnern» an einen Moment in der Vergangenheit, an dem ich auch schon beteiligt war. Unser Erinnerungsvermögen beruht auf dieser Ich-Geste, und zugleich beruht unser Ich-Bewusstsein auf dem sich in dieser Geste ausdrückenden Erinnerungsvorgang.

Steigert sich nun das Erinnerungsvermögen, dann kann sich das Ich auch auf einer höheren Stufe selbst erfassen, auf der Stufe des «Ewigen der Seele». Von dort aus erweitert sich die Erinnerung auf die Vergangenheit dieses «Ewigen» und erschließt sich damit die Stufen der Menschheitsevolution und der Geschichte, in der dieses «Ewige» gebildet wurde, die Akasha-Chronik. *Das Sich-selbst-Erfassen des Ich ist also die Grundgeste bei aller geistigen Erkenntnis.* Nicht zufällig entsprechen diese Stufen des Sichselbst-Erfassens dem Aufbau der *Geheimwissenschaft im Umriss*. Das grundlegende Kapitel *Wesen der Menschheit* beschreibt im Kern die Erinnerungsfähigkeit als die Grundlage des Ich:

«Was für den physischen Leib der Tod, für den Ätherleib der Schlaf, das ist für den Astralleib das *Vergessen*. Man kann auch sagen: Dem Ätherleib sei das *Leben* eigen, dem Astralleib das *Bewusstsein* und dem Ich die *Erinnerung*.»[138]

Im darauffolgenden Kapitel *Schlaf und Tod* wird dargestellt, wie das «Ewige der Seele», das «höhere Ich», durch den Tod hindurchgeht, wie alle seine Hüllen, der physische, der ätherische und der astralische Leib, nach und nach abgelegt werden und wie dieses Ewige, der Wesenskern des Menschen, sein höheres Ich oder Selbst, dann schließlich ganz auf sich gestellt erscheint. Dieses Ich muss derjenige, der die Akasha-Chronik erforschen will, erfasst haben. Rudolf Steiner nennt diese Erkenntnisstufe später, im Kapitel über *die Erkenntnis der höheren Welten*, die Stufe der *Intuition*:

«Ein Sinneswesen erkennen, heißt *außerhalb* desselben stehen und es nach dem äußeren Eindruck beurteilen. Ein Geisteswesen durch Intuition erkennen, heißt völlig eins mit ihm geworden sein, sich mit seinem Innern vereinigt haben. […] Es gibt eine Zeit der menschlichen Entwicklung zwischen dem Tode und einer neuen Geburt, wo das menschliche Wesen nur der Intuition zugänglich ist. – Dieser Teil der menschlichen Wesenheit ist aber *immer* in dem Menschen; und will man ihn, seiner wahren Innerlichkeit nach, verstehen, so muss man ihn auch in der Zeit zwischen der Geburt und dem Tode durch die Intuition aufsuchen.»[139]

Der nächste Schritt auf dem Wege zu einem Einblick in die Akasha-Chronik besteht darin, dass dieses Ewige des Menschen in seinen Werdestufen zurückverfolgt wird, wodurch die Geschichte und Vorgeschichte der Menschheit ins Bewusstsein aufgenommen werden können. Diese Erkenntnis wird im nächsten Kapitel der *Geheimwissenschaft im Umriss, Die Weltentwicklung und der Mensch*, beschrieben:

«Nur angedeutet soll hier vorläufig werden, dass für die geistige Forschung die Tatsachen auch urferner Vergangenheiten nicht verschwunden sind. Wenn ein Wesen zu einem körperlichen Dasein gelangt, so vergeht mit seinem körperlichen Tode das Stoffliche. Nicht in der gleichen Art ‹verschwinden› die geistigen Kräfte, welche dieses Körperhafte aus sich herausgetrieben haben. Sie lassen ihre Spuren, ihre genauen Abbilder in der geistigen Grundlage der Welt zurück. Und wer durch die sichtbare Welt hindurch die Wahrnehmung zu dem Unsichtbaren zu erheben vermag, der gelangt endlich dazu, etwas vor sich zu haben, was man mit einem gewaltigen geistigen Panorama vergleichen könnte, in dem alle vergangenen Vorgänge der Welt verzeichnet sind. Man kann diese unvergänglichen Spuren alles Geistigen die ‹Akasha-Chronik› nennen, indem man als Akasha-Wesenheit das Geistig-Bleibende des Weltgeschehens im Gegensatz zu den vergänglichen Formen des Geschehens bezeichnet.»[140]

Umkreisbewusstsein

Wir haben hiermit, zunächst skizzenhaft, den *Aufstieg* zur Erkenntnisstufe der *Intuition* vor uns, die sich erweitern lässt zum *kosmischen Anschauen*. Das ist die eine Entwicklungsrichtung, die vom *Punkt* zum *Umkreis* führt. Nun weist Rudolf Steiner aber darauf hin, dass das übersinnliche Bewusstsein ohne jegliche Umgebung bliebe, das heißt ohne Wahrnehmung seiner Umwelt, wenn nicht eine zweite Entwicklungsrichtung hinzutreten würde:

«Die Art des meditativen Lebens, die bisher geschildert worden ist, ergibt das übersinnliche Selbstbewusstsein. Aber dieses müsste ohne alle übersinnliche Umgebung bleiben, wenn neben dieser Art von Meditation nicht eine andere einherginge. Zu deren Verständnis gelangt man, wenn man den selbstbeobachtenden Blick auf die Willenstätigkeit lenkt.»[141] Das ist nun für die Frage nach der Erweiterung des Gedächtnisses entscheidend, denn dieses kommt zwar zunächst dadurch zustande, dass sich das Ich selbst erfasst, aber dieses Gedächtnis bliebe natürlich ohne allen Inhalt, wenn zu dieser Selbsterfassung nicht die Erinnerung der Umgebung des Selbst, insbesondere der anderen Menschen, hinzutreten würde.

Bereits in seinem ersten Werk, das sich mit der Bewusstseinsschulung befasst, *Wie erlangt man Erkenntnisse der höheren Welten?*, gibt Steiner hierzu Übungen an, die das Bewusstsein aus dem *Punkt*, in dem wir uns ständig empfinden, in den *Umkreis* lenkt: «In dieser Zeit [Steiner spricht hier von fünf Minuten täglicher Übung] soll der Mensch sich vollständig herausreißen aus seinem Alltagsleben. [...] Er soll seine Freuden, seine Leiden, seine Sorgen, seine Erfahrungen, seine Taten vor seiner Seele vorbeiziehen lassen. Und er soll sich dabei so stellen, dass er alles, was er sonst erlebt, von einem höheren Gesichtspunkte aus ansieht. Man denke nur einmal daran, wie man im gewöhnlichen Leben etwas ganz anders ansieht, was ein anderer erlebt oder getan hat, als was man selbst erlebt oder getan hat. Das kann nicht anders sein. Denn mit dem, was man selbst erlebt oder tut, ist man verwoben; das Erlebnis oder die Tat eines anderen *betrachtet* man nur. [...] Der Geheimschüler muss die Kraft suchen, sich selbst in gewissen Zeiten wie ein Fremder gegenüberzustehen. Mit der *inneren Ruhe* des Beurteilers muss er sich selbst entgegentreten.»[142]

Was heißt das aber, sich selbst «wie ein Fremder gegenüberzustehen»? Dazu muss man eben das Punktbewusstsein, wenn auch nur für kurze Augenblicke, verlassen, und sich in den Umkreis begeben, sich wie von außen selbst anschauen. Steiner gibt dazu ein schönes Beispiel: «Es ist, wie wenn man den ganzen Tag hindurch in einem Orte sich aufgehalten hat und das Kleinste ebenso nahe gesehen hat wie das Größte; dann des Abends auf einen benachbarten Hügel steigt und den ganzen Ort auf einmal überschaut. Da erscheinen dann die Teile dieses Ortes in anderen gegenseitigen Verhältnissen, als wenn man darinnen ist.»[143]

Und diese Übung, regelmäßig ausgeführt, kann dazu führen, so Steiners Angabe, dass der Mensch, der solches vollzieht, neben seinem Alltagsmenschen noch einen *höheren Menschen* in sich entdeckt, eigentlich müsste man sagen, *um sich* entdeckt. Diesen *höheren Menschen* nennt Steiner in anderen Zusammenhängen auch *anderes Selbst* oder *höheres* oder *zweites Selbst*. In späteren Vorträgen hat Steiner diese Übung in anderen Variationen beschrieben, zum Beispiel so:

«Dieses menschliche Schicksal, es tritt so an uns heran, dass wir seine inneren Schläge – ob im Guten oder Schlimmen – wie von außen an uns herankommend erleben. Wie weit sind wir beim menschlichen Erleben davon entfernt, dasjenige, was das Schicksal ist, als etwas anderes zu nehmen, als was uns ‹zufällt›, was im besten Sinne der ‹Zufall› ist? Aber man kann beginnen, es anders zu nehmen. Und indem man so beginnt, das Schicksal anders zu nehmen, wird man zum Geistesforscher. Man kann damit anfangen, sich zu fragen: Was bist du denn eigentlich in Bezug auf dein Schicksal? Man kann in seine Vergangenheit, die man in der Jugend oder in den Jahren, die man bisher durchlebt hat, zurückblicken und das Schicksal überblicken; man kann auf die einzelnen Ereignisse dieses Schicksals, soweit man ihrer habhaft werden kann, im rückblickenden Nachforschen schauen, und man kann sich die Frage stellen: Was wärest du denn eigentlich, wenn dich dieses Schicksal mit all seinen ‹Zufällen› nicht getroffen hätte? […] Man fragt sich: Was bist du denn anderes, als das Ergebnis dieses Schicksals? Hätte dieses oder jenes dich nicht betroffen, so hätte es deine Seele nicht durchschüttelt und durchrüttelt, und so wärest du nicht, was du jetzt bist. Und wenn man dann sein gesamtes Schicksal in dieser Weise überblickt, dann findet man, dass man mit dem jetzigen Ich und seinem ganzen Erleben im Grunde genommen mit dem Schicksal so zusammenhängt wie die Summe in einer Addition mit den einzelnen Summanden und Addenten. [...] Wir wachsen, indem wir eine solche Betrachtung anstellen, mit unserem Schicksal zusammen. Das erste Gefühl, dem wir uns dann hingeben können, ist: Du bist eins mit deinem Schicksal.»[144]

Mit solchen Übungen, so Steiner, lernt man nicht etwa das Denken zu entwickeln, sondern den Willen. Durch den Willen sind wir mit der Peripherie, mit unserem Umkreis verbunden. Durch die Aufhellung der Willenssphäre lernen wir, im Umkreis zu leben, lernen wir, das, was uns scheinbar wie «von außen» entgegenkommt, als zu uns gehörig, als unser Schicksal zu erleben. Damit beginnt man nun mehr und mehr, «im Umkreis» zu erwachen, das heißt ein «Umkreisbewusstsein» zu entwickeln.[145]

Intuition – der Scheitelpunkt

Diese zweite, auf den Willen zielende Entwicklungsrichtung war Rudolf Steiner ebenso ein Anliegen wie die erste, vom Denken ausgehende. Während nämlich die erste Entwicklungsrichtung, die Schulung des Denkens, zu einer Verstärkung des *Selbstgefühls* führt, so führt die zweite, die der Schulung des Willens dient, zu einer Verstärkung der *Selbstlosigkeit*. Und gleichzeitig führt diese zweite Richtung dazu, dass das Erleben der Willenswelt sich zum Erleben einer übersinnlichen Umgebung, die von geistigen Wesenheiten erfüllt ist, erweitert. Dies geschieht schließlich auf der höchsten Stufe der Erkenntnis, der Stufe der *Intuition*, die eine Zusammenführung der beiden Elemente, des Selbsterlebens, der *Imagination*, und der Selbstlosigkeit, der *Inspiration*, darstellt.

Auf der Stufe der Inspiration, die letztlich einer Verobjektivierung der eigenen Wesenheit dient, findet dann auch jenes Erlebnis statt, das Steiner als die Begegnung mit dem *kleinen Hüter der Schwelle* bezeichnet. Diese Begegnung führt dazu, das eigene Wesen tatsächlich wie in einem Spiegel anschauen zu können und sich dabei der noch notwendigen Arbeit im Hinblick auf dessen Verobjektivierung, das heißt *Reinigung,* bewusst zu werden. Das Erlebnis der Begegnung mit dem kleinen Hüter der Schwelle bildet die Voraussetzung für die schon beschriebene Begegnung mit dem großen Hüter. Der kleine Hüter stellt nämlich nichts anderes als das ungeläuterte Abbild der eigenen höheren Wesenheit, des höheren oder wahren Selbst, dar. Er ist sozusagen die Zusammenfassung aller Verkörperungen, das, was der Mensch im Laufe seiner Geschichte durch Inkarnationen hindurch aus sich gemacht hat. Er veranschaulicht, was nun noch umgearbeitet werden muss, bevor man tatsächlich das eigene höhere Wesen in seiner *wahren* Gestalt erfassen kann. Seine Mahnung ist gleichzeitig der Aufruf zu jener Tugend, die schon im antiken Delphi gelehrt wurde: «Oh Mensch, erkenne dich selbst!»[146]

Auf der Stufe der *Intuition,* dem *Scheitelpunkt* der übersinnlichen Entwicklung, tritt nun das Erlebnis mit dem *großen Hüter der Schwelle* auf, der den Eingeweihten auf seine Verpflichtungen den übrigen Menschen gegenüber hinweist.[147] Von dort ausgehend ist der weitere Erkenntnisweg nun kein weiterer Aufstieg mehr, sondern ein Abstieg. Rudolf Steiner hat diese Stufen, die auf die Intuition folgen, nur um 1907 herum im Zusammenhang mit seiner Darstellung des rosenkreuzerischen Einweihungsweges und in der *Geheimwissenschaft im Umriss* dargestellt.[148] Er nennt diese: *Die Erkenntnis des Mikrokosmos* (fünfte Stufe), *die Erkenntnis des Zusammenhangs von Mikrokosmos und Makrokosmos* (sechste Stufe) und *die Gottseligkeit* (siebte Stufe). Es ergibt sich also folgendes Gesamtbild:

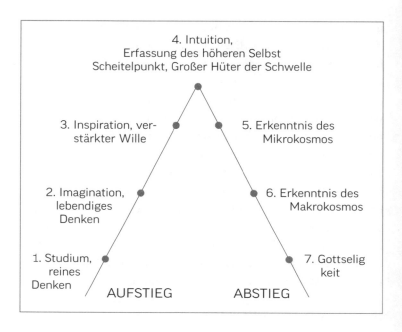

Es handelt sich bei dem anthroposophischen Erkenntnisweg also keineswegs um Stufen einer «Himmelsleiter», die irgendwo im Nirwana endet, sondern um einen Entwicklungsweg, der aus der sinnlichen Welt nach oben in die übersinnliche Welt aufsteigt und von dort aus wieder herunterführt in die sinnliche Welt, deren Einheit mit der übersinnlichen dann für den Eingeweihten eine unumstößliche Erkenntnis geworden ist. «Gottseligkeit» findet daher nicht im Nirwana, sondern auf der Erde statt.[149]

Das «Lesen in der Akasha-Chronik» ist nun offensichtlich erst nach dem Überschreiten des «Scheitelpunktes» möglich. Rudolf Steiner selbst hat diesen Punkt, so darf man vermuten, mit der Darstellung der Reinkarnationserfahrung sowie mit der Erkenntnis des höheren Selbst und der damit verbundenen Christuserfahrung, die sich hinter der Darstellung des «Großen Hüters der Schwelle» verbirgt, erreicht, also mit seinem 1902 erschienenen

Werk *Das Christentum als mystische Tatsache.* Von nun an stellt er in den bald darauf erscheinenden Aufsätzen *Aus der Akasha-Chronik* seine weitergehenden Erkenntnisse der Akasha-Chronik dar.

Anthroposophie – der Weg «nach unten»

Mit diesem *Abstieg* erweitert sich das Gedächtnis vom rein persönlich-biografischen zum Menschheitsgedächtnis. Der Eingeweihte verbindet sich dabei immer mehr mit der gesamten Menschheitsentwicklung und zugleich mit der Menschheitsgeschichte. Er folgt der Weisung des *Großen Hüters der Schwelle:* «Als einzelner Befreiter möchtest du immerhin schon heute in das Reich des Übersinnlichen eingehen. Dann aber würdest du hinabschauen müssen auf die noch unerlösten Wesen der Sinnenwelt. Und du hättest dein Schicksal von dem ihrigen getrennt. Aber ihr seid alle miteinander verbunden. Ihr musstet alle hinabsteigen in die Sinnenwelt, um aus ihr heraufzuholen die Kräfte für eine höhere. Würdest du dich von ihnen trennen, so missbrauchtest du die Kräfte, die du doch nur in Gemeinschaft mit ihnen hast entwickeln können. Wären sie nicht hinabgestiegen, so hättest es auch du nicht können; ohne sie fehlten dir die Kräfte zu deinem übersinnlichen Dasein. Du musst diese Kräfte, die du *mit* ihnen errungen hast, auch mit ihnen teilen.»[150]

Das heißt aber auch, das sei hier als Nebenbemerkung gestattet, dass Rudolf Steiners Darstellung der Anthroposophie ab 1902 eben diesem *Abstieg* auf dem Einweihungsweg entspricht, also gewissermaßen ein selbstloses *Opfer* darstellt, das, wenn wir nochmals auf das Vorbild dieses Einweihungsweges, das platonische *Höhlengleichnis,* zu sprechen kommen, auch mit der Gefahr der Verspottung und Schlimmerem verbunden ist:

«Aber wenn er [der Eingeweihte] nun, während sein Blick noch verdunkelt wäre, wiederum im Erraten jener Schattenwelt mit jenen ewig Gefangenen wetteifern sollte, und zwar ehe seine

Augen wieder zurechtgekommen wären – und die zu dieser Gewöhnung erforderliche Zeit dürfte nicht ganz klein sein –: Würde er da nicht ein Gelächter veranlassen, und würde es nicht von ihm heißen, weil er hinaufgegangen wäre, sei er mit verdorbenen Augen zurückgekommen, und es sei nicht der Mühe wert, nur den Versuch zu machen, hinaufzugehen? Und wenn er sich gar erst unterstände, sie zu entfesseln und hinaufzuführen, – würden sie ihn nicht ermorden, wenn sie ihn in die Hände bekommen und ermorden könnten?»[151]

Der Weg Rudolf Steiners von 1902/1903 führt, das hat er selber oft dargestellt, in drei Siebenjahresschritten zu einer immer tieferen Durchdringung der materiellen Welt. Zunächst zeigt sich diese auf wissenschaftliche Weise von 1902 bis 1909, gipfelnd in dem Buch *Die Geheimwissenschaft im Umriss*, dann von 1910 bis 1917 vor allem im Künstlerischen durch die Entwicklung der Sprachgestaltung und der Eurythmie, gipfelnd in den *Mysteriendramen* und im ersten Goetheanum-Bau, und schließlich ab 1917 in der praktischen Durchdringung der Lebensfelder, eingeleitet durch die Publikation der Erkenntnis der Dreigliederung des menschlichen Organismus 1917 in dem Buch *Von Seelenrätseln*, über die Begründung der Waldorfpädagogik, der anthroposophischen Medizin bis hin zur Begründung der biologisch-dynamischen Landwirtschaft im Jahr 1924.[152]

Dennoch und gerade auch im Sinne eines Opfers war Rudolf Steiner ab 1902 sofort daran gelegen, die Menschen an dem, was er an Erkenntnissen erreicht hatte, Anteil nehmen zu lassen. 1924 in England macht er darauf aufmerksam, dass es ihm gleich bei Beginn der anthroposophischen Arbeit darum gegangen sei, «praktische Karmaübungen» durchzuführen. Damit sind jene Übungen gemeint, die zu einer verstärkten Selbstlosigkeit im Sinne der oben angeführten Verstärkung des Willens führen sollen. Es ging dabei nicht darum, besonders weitreichende Einsichten in möglichst viele frühere Verkörperungen der eigenen Individualität zu bekommen.¹⁵³ Nicht das *Persönlichkeitsbewusstsein* soll durch diese Übungen gesteigert werden, sondern das *überpersönliche Bewusstsein*. Die Karmaübungen sollen dazu dienen, den Zusammenhang des persönlichen Schicksals mit dem Menschheitsschicksal, den Zusammenhang der eigenen Geschichte mit der Menschheitsgeschichte bewusst zu ergreifen, das heißt *Verantwortung* für die weitere Entwicklung der Menschheit aus einem *Menschheitsbewusstsein* heraus zu übernehmen.¹⁵⁴

Karmaübungen

Mit diesen Karmaübungen aber wird nun das Gedächtnis, das sich im Laufe der Menschheitsentwicklung immer mehr auf das persönlich-individuelle Erinnerungsvermögen zentriert hat, tatsächlich wieder erweitert. Es erweitert sich *zunächst* auf frühere Verkörperungen der *eigenen* Persönlichkeit. Das ist aber nur das Tor zur Erkenntnis der *Menschheitsgeschichte,* an der die eigene Individualität eben beteiligt ist.¹⁵⁵

Rudolf Steiner ging es vor allem darum, die Menschen auf der Grundlage des heute erreichten Ich-Bewusstseins wieder zu einem Menschheits- oder Weltbewusstsein hinzuführen, weil es nur dadurch möglich wird, dass der einzelne Mensch je nach Entwicklungsgrad für das Ganze eine Mitverantwortung übernimmt und dementsprechend, jetzt aber aus freiem Entschluss, handeln kann. Das sogenannte «Lesen in der Akasha-Chronik» dient letztlich und eigentlich nur diesem Ziel. Es entsteht aus dem Ich-Bewusstsein, das sich zu einem Bewusstsein der eigenen Wiederverkörperung(en) erweitert, dann mehr und mehr das Tableau der Geschichte, der Herkunft dieses sich wiederverkörpernden ewigen Wesenskerns, erforscht und damit wieder Anschluss findet an den Entwicklungsstrom der Menschheit.

Damit hat sich das Gedächtnis wieder auf den Umfang erweitert, den es in der Frühzeit der Menschheit bereits gehabt hat.

Auch damals gab es auf den Stufen des «lokalisierten Gedächtnisses» und des «rhythmisierten Gedächtnisses» ein solches Wissen um die Geschichte. Es war dies die «Himmelsgeschichte» und die «mythologische Geschichte», wie wir im 6. Kapitel gesehen haben. Nur war damals dieses kollektive Gedächtnis noch nicht verbunden mit dem Individualitätsbewusstsein, das erst mit der Ausbildung des persönlich-biografischen «Schriftgedächtnisses» entstand. Deshalb hatte dieses alte Gedächtnis auch eine völlig andere Bewusstseinsform zur Grundlage, denn es war nicht gedanklicher Natur, sondern gefühlsmäßiger Natur im mythologischen Stadium und willensartiger Natur im Stadium des lokalisierten Gedächtnisses (siehe Kapitel 6).

Zusammenschau

Was Rudolf Steiner mit dem «Lesen in der Akasha-Chronik», mit seiner übersinnlichen Erforschung der Geschichte vorgeführt hat, ist nichts weniger als die Tatsache, dass sich das Gedächtnis zu einem solchen Menschheitsgedächtnis wieder erweitern lässt, ohne dass dabei das moderne Individualitätsbewusstsein verloren ginge.[156]

Aber wie kann das sein? Wie ist es möglich, eine solche Form der Selbstentäußerung, der Erweiterung des Bewusstseins hin zu einem «kosmischen Anschauen» zu vollziehen, ohne dabei das Individualitätsbewusstsein zu verlieren? Wie ist es möglich, Punkt und Umkreis zugleich zu sein? Diese Frage müssen wir uns in diesem Zusammenhang stellen und kehren damit noch einmal zurück zum Ausgangspunkt von Rudolf Steiners Erkenntnisweg ab 1902, zum *Christentum als mystische Tatsache*. Denn wie er später selbst dargestellt hat, hängt die Erweiterung des Gedächtnisses nicht nur für den geschulten Geistesforscher, sondern in der Zukunft für alle Menschen mit dem Christus-Impuls zusammen.

9. DIE ERWEITERUNG DES GEDÄCHTNISSES ALS WIRKUNG DES CHRISTUSIMPULSES

Verfolgt man die Darstellungen Rudolf Steiners aus der Akasha-Chronik, so zeigt sich, dass deren Ausgangspunkt und Mittelpunkt das sogenannte «Mysterium von Golgatha» ist. Von ihm aus wird zunächst zurückgeblickt auf die Menschheitsevolution bis zum «Alten Saturn», dann aber kreisen sehr viele Darstellungen um die Evangelien. Sie gipfeln 1913 in der Offenbarung eines «Fünften Evangeliums», das gewissermaßen den Höhepunkt der Akasha-Forschung Steiners darstellt. So wurde es jedenfalls von den Zeitgenossen erlebt.[157]

Mit der Weihnachtstagung 1923 beginnt dann eine weitere Steigerung, weil Rudolf Steiner jetzt die Möglichkeit gekommen sieht, die Menschen seiner Umgebung, die Anthroposophische Gesellschaft, auf dem Wege einer Neubegründung der Mysterien in seine eigene Entwicklung einzubeziehen. Das geschieht insbesondere durch die Karmavorträge, die mit der Begründung der Freien Hochschule für Geisteswissenschaft einhergehen. Mit all diesen Bestrebungen ging es Rudolf Steiner darum, ein neues Bewusstsein für die Verbindung des Einzelnen mit der Menschheitsentwicklung zu erzeugen durch eine Erweiterung des Gedächtnisses zum Reinkarnationsgedächtnis, wie wir im vorigen Kapitel gesehen haben. Dies kommt insbesondere darin zum Ausdruck, dass er den Vortragszyklus während der Weihnachtstagung unter den Titel *Die Weltgeschichte in anthroposophischer Beleuchtung* stellt, wobei er besonders im ersten Vortrag die Veränderung des Gedächtnisses innerhalb der Menschheitsentwicklung behandelt.[158]

Die Erweiterung des Gedächtnisses bedeutet aber, dass das auf die Einzelbiografie zentrierte Gedächtnis sich zunächst wieder erweitert zu einem Reinkarnationsgedächtnis und schließlich zum «Lesen in der Akasha-Chronik» befähigt ist. Damit wird aber keine Regression auf eine frühere Bewusstseinsstufe eingeleitet, sondern das neuzeitliche denkende Bewusstsein bleibt aufrechterhalten. Daher gilt es nun, die Bedingung für die Möglichkeit dieser Gedächtniserweiterung, die bereits erwähnte Steigerung der *Selbstlosigkeit,* genauer ins Auge zu fassen.

Das Opfer am Jordan

Im Kapitel über die Beschaffenheit der Akasha-Chronik (siehe S. 41ff.) haben wir gesehen, wie sich der Geistesforscher zunehmend der eigenen Bewusstseinsinhalte entledigen muss, an deren Stelle dann das Bewusstsein hierarchischer Wesenheiten tritt. Rudolf Steiner bezeichnet diese Erfahrung als das «Opfer des Intellekts»: «Dieses Opfer des Intellekts, das der Mönch im Mittelalter brachte, führte zu der Ausschaltung des von dem persönlichen Ich ausgehenden Urteils, es führte ihn dazu zu lernen, wie man den Intellekt in den Dienst eines Höheren stellt. Bei der Wiederverkörperung kommt dann das, was damals durch dieses Opfer hervorgebracht wurde, zur Auswirkung und macht ihn zum Genie des Anschauens. Kommt dann das höhere Schauen hinzu, dann kann er die Fähigkeit anwenden auf die Tatsachen, die in der Akasha-Chronik zu lesen sind.»[159] Das «Opfer des Intellekts» besteht also darin, darauf zu verzichten, die Gedanken mit dem eigenen Ich zu verbinden: «Solange ich selbst meine Gedanken verbinde und meine Gedanken nicht höheren Gewalten zur Verfügung stelle, die auf der Tafel des Intellekts dann gleichsam schreiben, solange kann ich nicht okkulte Geschichte studieren.»[160]

Diese Selbstaufopferung hat ihr Vorbild in der Opfertat des Jesus von Nazareth, der sich bei der Jordantaufe als Leib für die Christus-Wesenheit zur Verfügung stellt und damit das drei Jahre darauf folgende Geschehen auf Golgatha ermöglicht. Indem sich

Rudolf Steiner ab 1902 immer mehr in die Akasha-Chronik einlebt, tritt ihm dieses Urbild der Selbstaufopferung immer klarer vor die Seele. Und so beschreibt Rudolf Steiner schließlich, detaillierter als jemals zuvor, die Ereignisse, die diesem Geschehen am Jordan vorangegangen sind, das Leben des Jesus von Nazareth von seinem zwölften Lebensjahr an, und es kommt damit zu einer Krönung der Akasha-Forschung, zu den Vorträgen über das Fünfte Evangelium.[161]

Daher nimmt es nicht Wunder, wenn Rudolf Steiner – und das soll uns in diesem Kapitel beschäftigen – darauf hinweist, dass die Weiterentwicklung des Gedächtnisses erst durch den Christus-Impuls ermöglicht wird. Und dabei kommt er auch auf *Lessing* zu sprechen, den wir bereits als Vorboten des Reinkarnationsgedankens im Hinblick auf dessen Bedeutung für die Geschichte beschrieben haben:

«Wie könnte man von einer Entwicklung der ganzen Menschheit sprechen, sagt Lessing, wenn eine Seele nur in der einen oder nur in der anderen dieser Epochen leben könnte? Woher könnten denn die Früchte der Kultur kommen, wenn nicht die Menschen wiedergeboren würden und das, was sie in der einen Epoche gelernt haben, hinübertragen würden in die nächste, dann wiederum in die folgende und so fort?

So wird für Lessing die Idee der wiederholten Erdenleben eine Angelegenheit der ganzen Menschheit. Er macht sie nicht nur zu einer Angelegenheit der einzelnen Seele, sondern zu einer Angelegenheit des ganzen Kulturlaufes der Erde. Und damit die vorgeschrittene Kultur entsteht, muss die Seele, die im neunzehnten Jahrhundert lebt, herübertragen in ihr jetziges Dasein das, was sie sich früher erworben hat. Um der Erde und ihrer Kultur willen müssen die Menschen wiedergeboren werden! Das ist Lessings Gedanke.

Da taucht der Gedanke der Wiederverkörperung auf als etwas, was eine Menschheitsangelegenheit ist. Da hat aber auch schon der Christus-Impuls gewirkt. Da ist er hineingeworfen worden. Denn eine Menschheitsangelegenheit machte der Christus-Impuls aus allem, was der Mensch tut oder tun kann; nicht eine Angelegenheit, die uns nur individuell berührt. [...]

Jetzt ist aber die Zeit gekommen, in welcher für die menschliche Organisation die Notwendigkeit eintritt, den Wiederverkörperungsgedanken aufzunehmen, zu verstehen, sich mit ihm zu durchdringen. Denn der Fortschritt der menschheitlichen Entwicklung hängt nicht davon ab, welche Lehren verbreitet werden, welche Lehren neu Platz greifen; sondern da kommen noch andere Gesetze in Betracht, die gar nicht von uns abhängen.

Gewisse Kräfte werden in der Menschennatur entwickelt werden gegen die Zukunft hin, die so wirken, dass der Mensch, sobald er nur ein gewisses Lebensalter erreicht hat und seiner selbst recht bewusst wird, in sich die Empfindung haben wird: Da ist etwas in mir, was ich verstehen muss. [...] Da werden die Menschen schon sehen, was es für sie bedeuten wird, den Zusammenhang zu empfinden mit dem Christus-Impuls. Denn der Christus-Impuls wird es sein, der beleben wird den ganzen Blick nach rückwärts, die ganze Perspektive nach rückwärts. Man wird empfinden: Da war diese Inkarnation, da jene. Dann wird eine Zeit kommen, über die wird man nicht hinüberkönnen, ohne dass man sich klar wird: Da war der Christus-Impuls auf der Erde! Und weiter werden die Inkarnationen folgen, wo das Christus-Ereignis noch nicht da war. Diese Aufhellung des Blickes nach rückwärts durch den Christus-Impuls werden die Menschen brauchen zur Zuversicht in die Zukunft, als eine Notwendigkeit und eine Hilfe, die sich hineingießen kann in die folgenden Inkarnationen.»[162]

Und ergänzend fügt Rudolf Steiner in anderem Zusammenhang hinzu: «Den Geist des bloß Gedachten werden die Menschen eintauschen müssen für den Geist der unmittelbaren Anschauung, des unmittelbaren Mitfühlens und Miterlebens von dem an der Seite aller Menschenseelen geistig-lebendig schreitenden Christus.»[163]

Die Christus-Erkenntnis ist der Schlüssel zur übersinnlichen Erkenntnis der Geschichte: «Was für den einzelnen Menschen ein inneres, wie man sagt, mystisch-geistiges Ereignis ist, was er als die Geburt seines höheren Ich erleben kann, das ist in der Außenwelt, in der Geschichte, mit dem Ereignis von Palästina durch den Christus Jesus für die ganze Menschheit eingetreten.»[164]

Daran schließt sich nun die Frage an, wie der Christus-Impuls konkret bei der Erweiterung des Gedächtnisses mitwirkt, die nur durch eine Steigerung von *Selbstlosigkeit* denkbar ist.

Die Vorstufen des Opfers

Um diesen Zusammenhang des Christus-Impulses mit der Gedächtnisentwicklung zu verstehen, müssen wir über die eben zitierte Aussage hinausgehen und etwas tiefer in die Darstellungen Rudolf Steiners über das Mysterium von Golgatha eindringen. Dieses hatte, wie er in Vorträgen im Umkreis der Darstellungen zum *Fünften Evangelium* gezeigt hat, drei Vorstufen.[165] Dabei schildert er, wie zur Zeit des sogenannten *Lemurien* und der *Atlantis,* also früheren Erdepochen, die Gefahr bestanden habe, dass zuerst die Sinnesorgane, dann die Lebenskräfte und schließlich die Sprachfähigkeit des sich entwickelnden Menschen verdorben worden wären.

Am Beispiel des Auges kann man leicht nachvollziehen, was damit gemeint ist: Würde das Auge als Sinnesorgan irgendeine Form des Selbstempfindens entwickeln, dann könnte es nicht Sinnesorgan, Organ für die sinnlichen Eindrücke sein, weil es eben stattdessen sich selbst empfinden würde. Sinnesorgan zu sein bedeutet, *selbstlos* zu sein. Diese Fähigkeit der *Selbstlosigkeit* habe die Christus-Wesenheit den menschlichen Sinnesorganen durch ein erstes Opfer während der lemurischen Zeit gebracht. Dieses Opfer habe sich dann während der atlantischen Zeit noch zweimal wiederholt, wodurch zunächst die Lebenskräfte und dann die

Sprachkräfte vor einem Versinken in Selbstgenuss gerettet worden seien. Es wird diesen Kräften jeweils die Fähigkeit der Selbstlosigkeit verliehen, wodurch sie fähig werden, Schale und Organ für etwas Höheres, bei den Sprachorganen zum Beispiel die Laute der Sprache, zu werden.

Das eigentliche Mysterium von Golgatha, das nun durch die Verkörperung des Christus im Leib des Jesus von Nazareth bei der Jordantaufe auf der Erde vorbereitet wird, habe nun die zentralste menschliche Fähigkeit, nämlich das *Denken,* davor bewahrt, rein subjektiv und damit verdorben zu werden. Das Denken kann seit dem Mysterium von Golgatha den Christus in sich aufnehmen, das heißt, es kann *selbstlos* werden in der Geste: *Es denkt in mir.* «Im 8. Jahrhundert der vorchristlichen Zeit begann die vierte nachatlantische Kultur. Etwa dreieinhalb Jahrhunderte danach war der Gedanke so weit reif, dass er in den griechischen Philosophen mit jener Klarheit ausgesprochen werden konnte, die dann zur platonischen Philosophie führte. Dann wurde das Leben der Menschen durchdrungen mit dem Christus-Impuls. Als das 15. nachchristliche Jahrhundert begann, da begann die fünfte nachatlantische Periode. Genauso lange wie es dauerte vom Beginn der vierten nachatlantischen Periode bis zu einem Verständnis des Gedankens, so lange dauerte es vom Beginn der fünften nachatlantischen Periode bis zu einer bewussten Aussprache von der Natur des Gedankens, das heißt bis zu *Hegel.* Der menschliche Gedanke erlebte seinen Höhepunkt in Hegel mit dem Satze: Das Leben und Weben des Gedankens in der Wahrheit ist der wirkende Geist.»[166]

Wir haben es bei diesen vier Christus-Opfern also mit vier Stufen eines Abstiegs zu tun, die in auffälliger Weise dem im vorigen Kapitel beschriebenen Aufstieg des Eingeweihten, der letztlich auch ein Opfergang ist, auf dem Erkenntnisweg entsprechen. Der Christus steigt aus der Sphäre, in der der Eingeweihte die Intuition erfährt, über drei Stufen ab, bis er sich schließlich auf der Erde inkarniert.

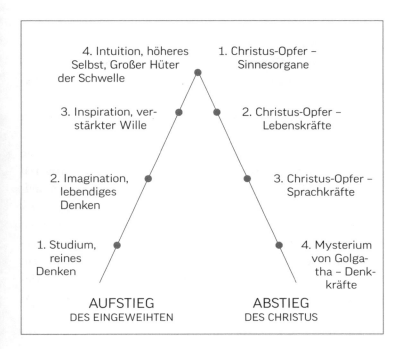

Vom tiefsten Punkt aus steigt der Christus nun seit dem Mysterium von Golgatha *gemeinsam* mit dem Menschen wieder auf. Deshalb spricht Rudolf Steiner für die Zeit ab dem 20. Jahrhundert vom «Wiedererscheinen des Christus im Ätherischen»:

AUFSTIEG DES CHRISTUS MIT DER MENSCHHEIT

2. Stufe Imagination –   Wiedererscheinen im
          erweitertes Gedächtnis   Ätherischen

1. Stufe reines Denken   Mysterium von Golgatha

Das zukünftige Gedächtnis

Mit diesem Aufstieg ist die von uns verfolgte Entwicklung und Erweiterung des Gedächtnisses verbunden. In der Sphäre der Imagination, der Sphäre der Gedächtniskräfte, der Bilder, ist Christus heute wirksam. Ich gebe die entsprechende Aussage Steiners, die an die bereits zitierte Darstellung anknüpft, hier ausführlich wieder:

«Und eine Zeit wird herankommen für die Menschheit, die allerdings erst vollständig werden wird in der sechsten größeren Periode der Menschheitsentwicklung, aber jetzt sich vorbereitet, wo die Menschen hinsehen werden auf das, was sie erlebt und erfahren haben und was als Erinnerung in ihnen lebt, und werden sehen können, dass in der Kraft des Erinnerns der Christus mitlebt. Durch jede Vorstellung wird der Christus sprechen können. Und auch wenn wir unsere Vorstellungen in der Erinnerung wiederbeleben, so wird in der Erinnerung, in dem, was so eng, so intim mit uns verbunden ist wie unsere Erinnerung, der Christus mit verbunden sein. Zurückblicken wird der Mensch können auf sein Leben und sagen wird er sich: So wie ich mich erinnere, so wie die Kraft des Gedächtnisses in mir lebt, so lebt in diesem Gedächtnis der hineingegossene Christus-Impuls. Der Weg, der den Menschen geboten wird, immer mehr und mehr wahr zu machen die Worte: Nicht ich, der Christus in mir, – der Weg wird dadurch geebnet, dass in die Erinnerungskraft allmählich der Christus-Impuls einziehen wird. Er ist jetzt noch nicht darinnen. Wenn er darinnen sein wird, wenn nicht nur im Verständnis des Menschen der Christus-Impuls lebt, sondern wenn der Christus-Impuls sich über den ganzen Saum, über den ganzen Streifen von Erinnerungen ausgießen wird, dann wird der Mensch zum Beispiel nicht nur angewiesen sein darauf, aus äußeren Dokumenten Geschichte zu lernen, denn dann wird sich seine Erinnerungskraft erweitern.»[167]

Rudolf Steiner deutet noch einmal versteckt auf sein eigenes Erleben hin, dass sich die Menschheitsgeschichte übersinnlich eben von diesem Punkt des Christus-Ereignisses, von der *Mitte* aus, erschlossen hat,[168] wenn er anschließend sagt: «Und der Mensch wird dadurch, dass der Christus in seine Erinnerungskraft eingezogen ist, dadurch, dass der Christus in der Erinnerungskraft lebt, der Mensch wird dadurch wissen, wie bis zum Mysterium von Golgatha hin der Christus außerirdisch gewirkt hat, wie er es vorbereitet hat und durchgegangen ist durch dieses Mysterium von Golgatha, und wie er als Impuls weiterwirkt in der Geschichte. So wahr und wirklich wird der Mensch das überschauen, wie jetzt im gewöhnlichen Leben die Erinnerung da ist. Man wird die irdische Entwicklung der Menschheit nicht anders überschauen können innerlich als so, dass man dann den Christus-Impuls im Mittelpunkt erblickt.»[169]

Damit wird von Rudolf Steiner aber auch deutlich gemacht, dass diese hier vorhergesagte neue Form des Gedächtnisses keiner übersinnlichen Schulung mehr bedarf, sondern dass sie auf natürlichem Wege entstehen wird. Das Gedächtnis wird sich auf natürliche Weise innerhalb der Evolution der nächsten Jahrtausende weiterentwickeln: *Das, was unser Individuellstes geworden ist, die Grundlage unseres Ich-Bewusstseins, unser Gedächtnis, wird sich wiederum zum Menschheitlichen hin erweitern.*

Die Gefahr

Damit aber ist auch eine Gefahr verbunden, die Steiner in diesem Zusammenhang nur andeutet: «Mancher von uns empfindet auch dadurch, dass wir unser Erinnerungsvermögen in dem Zustand, wie wir es jetzt haben, wie eine Vorbereitung betrachten, etwas, das in Unordnung kommen würde in Zukunft, wenn es nicht den Willen hätte, sich von dem Christus-Impuls durchdringen zu lassen. Würde es einen Materialismus auf der Erde geben, der den Christus ableugnet, dann würde die Erinnerung in Unordnung kommen. Dann würden immer mehr und mehr Menschen auftreten, deren Erinnerung chaotisch würde, die dumpfer und dumpfer sein würden in ihrem finsteren Ich-Bewusstsein, wenn nicht Erinnerung in dieses finstere Ich-Bewusstsein hereinleuchten würde. Unser Erinnerungsvermögen kann nur dann sich richtig entwickeln, wenn der Christus-Impuls richtig geschaut wird. Dann wird Geschichte wie eine lebendige Erinnerung so leben, dass in die Erinnerung das Verständnis für die wahren Geschehnisse dringt. Dann wird die menschliche Erinnerung den Mittelpunkt des Weltgeschehens verstehen. Dann macht sich für den Menschen das Schauen geltend. Die gewöhnliche Erinnerung, die auf *ein* Leben sich nur richtet, die wird sich ausdehnen auf die vorhergehenden Inkarnationen.»[170]

Auch an anderen Stellen deutet Rudolf Steiner an, dass das einstmals auftretende Reinkarnationsgedächtnis nur dann gesund wirken könne, wenn der Mensch sich schon heute durch die Durchdringung mit dem Gedanken der Reinkarnation darauf vorbereitet.[171]

Was aber meint Rudolf Steiner mit *Unordnung*, in die das Gedächtnis unter dem Einfluss des Materialismus und der Leugnung des Christus-Impulses geraten werde? Dieser Frage wollen wir uns im letzten Kapitel unserer Betrachtungen wenigstens annähern.

10. AUSBLICK: DIE CHAOTISIERUNG DER ERINNERUNGSFÄHIGKEIT UND DIE ENTWICKLUNG DER MEDIEN

Das Gedächtnis hat sich im Laufe der Evolution mehr und mehr im Sinne einer Individualisierung emanzipiert. Das geschah dadurch, dass immer mehr Gedächtnisinhalte in externe Medien verlagert wurden, zunächst in das Medium der Schrift. Mit Beginn der Neuzeit setzt dann durch die Erfindung des Buchdrucks die eigentliche Medienentwicklung ein, wodurch die medialisierten Gedächtnisinhalte einer Vervielfältigung und damit auch einer erneuten Kollektivierung zugänglich werden. Was ein Einzelner für sich erinnert und schriftlich festgehalten hat, kann nun prinzipiell von der ganzen Menschheit wahrgenommen werden.

Das heißt aber nichts anderes, als dass sich der bisherige Prozess einer immer stärkeren Konzentration des Bewusstseins von einem kosmischen Bewusstsein der «Himmelsgeschichte» zu einem autobiografischen Bewusstsein der Erdgeschichte nun wieder umkehrt. Das autobiografische Bewusstsein beginnt, sich auf dem Wege der Medien wieder über die ganze Menschheit auszudehnen, indem Erinnerungsinhalte des Gedächtnisses der ganzen Menschheit zugänglich gemacht werden. Dies geschieht seit Beginn der Neuzeit stufenweise: Zunächst werden Gedanken durch das Buch verbreitet, mit Beginn des 20. Jahrhunderts in verstärktem Maße auch Bilder durch die Fotografie und den Film, dann auch Töne mithilfe von Schallplatte und Tonband. Alle diese *analogen* Medien ersetzen das Gedächtnis, speichern Erinnerungen und machen sie gleichzeitig der Menschheit zugänglich. *Die Medienkultur ist eine Gedächtniskultur.*

Die Digitalisierung des Gedächtnisses
Durch die Erfindung des Computers aber werden alle analogen Medieninhalte digitalisiert, das heißt auf elektronischem Wege in Zahlen umgerechnet. Allerdings finden dabei nur die Zahlen Eins und Null Verwendung. Der Computer ist heute das universelle Speichermedium schlechthin, das sich über die ganze Menschheit verbreitet hat, das Schrift, Bilder und Töne gleichermaßen speichert und diese über das computergenerierte Medium des *Internet* weltweit für praktisch alle Menschen zugänglich macht.

Das Internet stellt in gewisser Weise die Vollendung der Medienentwicklung dar, weil es die Idee des Mediums, nämlich die Speicherung von Bewusstseinsinhalten und deren Verfügbarkeit für alle Menschen, perfektioniert hat. Jeder Mensch kann durch das Medium Internet seine Erinnerungen speichern und zugleich der ganzen Menschheit verfügbar machen: *Die sogenannte Globalisierung ist vor allem eine Globalisierung des Gedächtnisses.*

Das Verschwinden der Individualität
Dabei tritt nun aber eine Gefahr deutlich in Erscheinung: Alle analogen Medien tragen immer den Stempel der Individualität, indem sie auf deren Urheber zurückverweisen. Der Betrachter eines Fotos, der Hörer einer Schallplatte oder Leser eines Buches kann sich der *Autorschaft,* die hinter dem Medium steckt, immer bewusst sein. Der Autor kann auf diese Weise nicht nur urheberrechtlich geschützt werden, er bleibt auch im Bewusstsein des Medienbutzers, ja der Mediennutzer schätzt das Medium, sei es das Buch, der Film, das Foto oder die Schallplatte, gerade wegen des Autors. Durch das Medium Internet wird dieser Schutz des geistigen Eigentums und das Charakteristikum des Individuellen nun mehr und mehr infrage gestellt. Die Digitalisierung nivelliert nicht nur die Inhalte auf das Niveau der Zahlen Eins und Null, sie führt durch das Internet auch dazu, dass die Autorschaft nivelliert

wird. Gerade weil dieses Medium universell verfügbar ist, nivelliert es den individuellen Charakter der Autorschaft.

Dazu kommt aber ein weiterer Aspekt, und das ist *die Körperlosigkeit des Mediums Internet*. Eine Fotografie, eine Schallplatte, ein Buch, sie alle haben körperlichen Charakter, wir können sie einzeln kaufen, an die Wand hängen oder ins Regal stellen. Die Dateien auf unseren Computern dagegen können jederzeit gelöscht werden, sind bei Stromausfall nicht mehr zugänglich, können manipuliert und verfälscht werden, kurz, ihr Individualitätscharakter ist gegenüber jedem analogen Medium gering. Die Urheberschaft der in den Medien gespeicherten Erinnerungen scheint beim Medium Internet mehr und mehr aus dem Bewusstsein zu verschwinden.

«Mein Speicherplatz gehört mir!»

Gerade weil heute jeder Mensch mithilfe eines *Blogs*, eines virtuellen Tagebuchs, seine persönlichsten Erinnerungen der ganzen Menschheit verfügbar machen kann, ohne dass sich irgendeine Instanz schützend, aber auch filternd dazwischen stellen würde, verschwindet der Einzelne mehr und mehr in der Masse des Publizierten. Gerade was den Einzelnen am Medium Internet so fasziniert, dass es ihm seine Publizität sichert ohne jegliche filternden Instanzen, führt zur Auslöschung seiner Individualität in der Wahrnehmung der anderen. Dementsprechend sind die Nutzer in aller Regel nicht mehr an der Individualität des Autors eines Medieninhaltes interessiert, sondern nur an dem Inhalt, den er verfügbar macht.

Das Interesse an immer mehr medialen Inhalten, Bildern, Tönen, Dokumenten kann jeder Internetnutzer anhand seines Computers selber überprüfen: Die Datenordner für Bilder, Musikinhalte oder Dokumente sind in der Regel mit Tausenden von Einzeldateien gefüllt. Ja, die Computerindustrie definiert die

Leistungsfähigkeit ihrer Geräte geradezu über die Speicherkapazität: je mehr Inhalte, desto besser, mit der Tendenz zur Unendlichkeit.

Das Besitzstreben des Individuums, der Egoismus, führt dazu, dass die auf dem Wege des Internets verfügbar gemachten Gedächtnisinhalte eines Autors anonymisiert werden bis zum vollständigen Erlöschen der Urheberschaft. Nicht mehr die Frage, *wer* einen Inhalt erschaffen hat, steht im Vordergrund, sondern *wie viele* Inhalte kann ich mir persönlich aneignen. Das heißt aber, *je kollektiver die Gedächtnisinhalte werden, desto mehr verschwindet der Einzelne in der Kollektivität.*

Dieser Gefahr der Auslöschung des Individuums steht gleichzeitig die Gefahr des totalen Egoismus in der Aneignung immer größerer Datenmengen, in der Vergrößerung des eigenen, virtuellen Gedächtnisses, der Kampf um Speicherplatz gegenüber. Damit haben wir wohl die Phänomene vor uns, von denen Rudolf Steiner im Hinblick auf die Chaotisierung der Erinnerungskräfte und des Gedächtnisses gesprochen hat.

Das Gegenbild

Das Streben nach einer Erweiterung des Gedächtnisses zu einer neuen Art von Menschheitsgedächtnis in Form des Mediums Internet erscheint mithin als das Gegenbild dessen, was Steiner als die zukünftige Erweiterung der Erinnerungsfähigkeit vorausgesagt hat. Bliebe es allein bei diesem technischen Fortschritt, dann würde sich einerseits die bisherige Entwicklung des Gedächtnisses auf dem Wege zu einem virtuellen kollektiven und nivellierten Gedächtnis umkehren, das Erreichte, die Individualität, würde wieder verschwinden. Auf der anderen Seite würde sich gerade durch die Aneignung von immer mehr Gedächtnisinhalten durch virtuelle Speicher das Selbstgefühl, das mit dem Gedächtnis verbunden ist, ins Unermessliche steigern.

Die Entwicklungsperspektive, die Rudolf Steiner dem entgegengestellt hat, haben wir im vorigen Kapitel betrachtet. Sie besagt zusammengefasst: Der Christus-Impuls verbindet durch das Bewusstwerden der Reinkarnation das Individuelle mit dem Menschheitlichen so, dass das Individuelle dabei gewahrt bleibt und sich gleichzeitig auf dem Wege einer Erweiterung des Gedächtnisses wieder mit der ganzen Menschheit verbinden kann. *Der Punkt wird zum Kreis und umgekehrt,* das ist die Perspektive der *christlichen Selbstlosigkeit.*[172]

So stellen wir an den Schluss unserer Betrachtungen nun jenes Wahrspruchwort, das Rudolf Steiner im Zusammenhang des Vortrages über die Zukunft des Gedächtnisses ausgesprochen hat:[173]

Im Urbeginne ist die Erinnerung,
Und die Erinnerung lebt weiter,
Und göttlich ist die Erinnerung.
Und die Erinnerung ist Leben,
Und dieses Leben ist das Ich des Menschen,
Das im Menschen selber strömt.
Nicht er allein, der Christus in ihm.
Wenn er sich an das göttliche Leben erinnert,
Ist in seiner Erinnerung der Christus,
Und als strahlendes Erinnerungsleben
Wird der Christus leuchten
In jede unmittelbar gegenwärtige Finsternis.

NACHWORT

Erinnerung und Gedächtnis sind für uns das Persönlichste, Individuellste, über das wir verfügen können. Anhand der Betrachtung der Evolution von Gedächtnis und Erinnerung und des «Lesens in der Akasha-Chronik» haben wir gesehen, dass sich dieses Individuellste zum Menschheitlichen erweitern kann. Im Blick auf Rudolf Steiners Entwicklungsgang, der zugleich ein Opfergang war und über die Einsicht in die Wiederverkörperung des Menschen und damit seines ewigen, unvergänglichen Wesenskerns hinführte zur Erkenntnis des Wesenskerns der ganzen Menschheit, der sich *einmal* in unserer Geschichte verkörpert hat, konnten wir nachvollziehen, wie sich seit dem 20. Jahrhundert, dem Jahrhundert der zunehmenden Globalisierung, auch ein neues, historisch gegründetes Menschheitsbewusstsein ankündigt. Denn die Erweiterung von Erinnerung und Gedächtnis vom Persönlich-Individuellen zum Menschheitlichen steht, das hat Rudolf Steiner bereits in seinem ersten Buch zu dieser Thematik, *Das Christentum als mystische Tatsache,* gezeigt, im Zeichen des Christus-Jesus, den er den «Menschheitsrepräsentanten» genannt hat.

Dadurch können wir aber auch das, was die Esoterikforschung als «Gedächtnisgeschichte» bezeichnet, in ein neues Licht gestellt sehen. «Gedächtnisgeschichte» wird, wenn wir der hier beleuchteten Methode Steiners, dem «Lesen in der Akasha-Chronik», folgen, zur Möglichkeit, den der Menschheitsgeschichte zugrunde liegenden Entwicklungsimpuls zu verstehen. Im Zeitalter der Globalisierung und der damit immer mehr zunehmenden Verantwortung jedes Einzelnen für die globale Entwicklung der Menschheit ist dieses Verständnis von allergrößtem Wert.

So führt uns die Beschäftigung mit der Frage nach der Evolution von Gedächtnis und Erinnerung über das «Lesen in der

Akasha-Chronik» in die Zukunft, in der sich die Menschheit nur als Ganzes weiterentwickeln oder degenerieren wird.

Mit dieser Gewissheit, die bereits *Lessing* mit seiner *Erziehung des Menschengeschlechts* verkündet hat, können wir unsere Betrachtungen beschließen, wohl wissend, dass je weiter wir in diesem Sinne unsere Erinnerung in die Vergangenheit ausdehnen können, desto weiter wir in die Zukunft hinein mitgestalten können am Schicksal der Menschheit. Nur eine Menschheit, die sich ihrer eigenen Geschichte und damit ihrer eigenen Identität bewusst ist, wird auch eine bewusst gestaltete Zukunft haben.

ANMERKUNGEN

Das Motto dieses Buchs stammt aus einer undatierten Aufzeichnung Rudolf Steiners. In *Wahrspruchworte*, GA 5, Dornach ⁹2005, S. 190.

1 Unter diesem Titel fand im Sommer 2007 in Tübingen die erste Konferenz der Esoterikforscher statt. Jan Assmann, der namhafteste Erforscher von «kulturellem Gedächtnis» und «Gedächtnisgeschichte», hielt den Eröffnungsvortrag unter dem Titel «Ägypten und der Ursprung der Esoterik – Zur Geschichte eines Mythos».

2 Rudolf Steiner, *Lesen in der Akasha-Chronik. Ausgewählte Texte*, herausgegeben und kommentiert von Andreas Neider, Dornach 2008. Dieser Band sollte als Quellen- und Materialsammlung in Ergänzung zu dem vorliegenden Buch genutzt werden, da ein größerer Teil desselben sich auf die diesbezüglichen Aussagen Rudolf Steiners bezieht.

3 Siehe dazu: Hans Erhard Lauer, *Geschichte als Stufengang der Menschwerdung*, Band 1: *Erkenntnis und Erinnerung*, Freiburg 1956, und Band 2: *Die Wiederverkörperung des Menschen als Lebensgesetz der Geschichte*, Freiburg 1958, sowie Carl Unger, *Aus der Sprache der Bewusstseinsseele*, Neuausgabe Stuttgart 2007, Kapitel *Karma und Geschichte, Moral und Vorsehung*.

4 Vgl. dazu den in Anmerkung 2 genannten Auswahlband von Rudolf Steiner, *Lesen in der Akasha-Chronik. Ausgewählte Texte*, herausgegeben und kommentiert von Andreas Neider, Dornach 2008.

5 Vgl. dazu Kapitel 8.

6 *Aus der Akasha-Chronik*, Kapitel *Unsere atlantischen Vorfahren*, GA 11, Dornach ⁶1986, S. 26. Schon bei dieser ersten Schilderung, die den Anfang des Buches bildet, das ursprünglich nur in Aufsatzform erschien, fällt auf, worauf es Rudolf Steiner ankommt: Er schildert nicht die Außenverhältnisse der alten Menschheitskulturen, sondern die Innenseite. Wie er selbst in der Einleitung vermerkt, überließ er die Schilderung der Außenseite den theosophischen Darstellungen seiner Zeit (vgl. Anm. 9). Die Konzentration auf die Innenseite, die seelisch-geistige Entwicklung der Menschheit, nimmt dann in späteren Darstellungen, etwa in der *Geheimwissenschaft im Umriss*, weiter zu. Dort finden sich praktisch gar keine äußeren Schilderungen mehr.

7 Rudolf Steiner, *Das Christentum als mystische Tatsache und die Mysterien des Altertums*, GA 8, Dornach ⁹1989, zitiert nach Rudolf Steiner, *Lesen in der Akasha-Chronik*, S. 24.

8 Rudolf Steiner, *Aus der Akasha-Chronik* (zuerst erschienen in der Zeitschrift *Lucifer-Gnosis*, 1904), GA 11, zitiert nach *Lesen in der Akasha-Chronik*, S. 8ff.

9 William Scott-Elliot, *Legends of Atlantis and lost Lemuria*, Wheaton 1990 (Erstauflage 1896), S. XXXI.

10 Zur Verwendung des Ausdrucks bei Rudolf Steiner und zu dessen Grund-

verständnis der Akasha-Chronik vgl. auch den bereits erwähnten Auswahlband mit Texten Steiners zu dieser Thematik, *Lesen in der Akasha-Chronik* (vgl. Anm. 2).
11 Vgl. dazu Hans Blumenberg, *Die Lesbarkeit der Welt*, Frankfurt am Main 1981, Kapitel III, sowie Leo Koep, *Das himmlische Buch in Antike und Christentum. Eine religionsgeschichtliche Untersuchung zur altchristlichen Bildersprache*, Bonn 1952.
12 Vgl. hierzu Leo Koep, a.a.O., S. 31ff.
13 In seinem Buch *Geschichte der Seelenwanderung in Europa* (Darmstadt 1999) versucht Helmut Zander einen solchen Zusammenhang zu konstruieren (S. 626f.). Vgl. dazu Anm. 35.
14 Deshalb stand die erste Konferenz der European Society for the Study of Western Esotericism (ESSWE) im Juli 2007 auch unter dem Titel «Constructing tradition – Die Konstruktion von Tradition».
15 Kocku von Stuckrad, *Was ist Esoterik? Kleine Geschichte des geheimen Wissens*, München 2004, S. 11.
16 Jan Assmann, *Moses der Ägypter. Entzifferung einer Gedächtnisspur*, Frankfurt am Main 2000.
17 Ebenda, S. 18.
18 Jörg Baberowski, *Der Sinn der Geschichte. Geschichtstheorien von Hegel bis Foucault*, München 2005, S. 173.
19 Pierre Nora, *Zwischen Gedächtnis und Geschichte*, zitiert nach Baberowski, ebenda, S. 173.
20 Jan Assmann, *Moses der Ägypter*, S. 34.
21 Helmut Zander, *Geschichte der Seelenwanderung in Europa. Alternative religiöse Traditionen von der Antike bis heute*, Darmstadt 1999, S. 627.
22 Mit immensem Eifer hat Zander die Reinkarnationsvorstellung Steiners bereits in seiner Dissertation *Reinkarnation und Christentum. Rudolf Steiners Theorie der Wiederverkörperung im Dialog mit der Theologie*, Paderborn 1995, zu bannen versucht. Zanders Werke stellen aber mitnichten einen «Dialog» mit der Anthroposophie oder gar eine «objektiv» wissenschaftliche Untersuchung derselben dar, sondern sind ihrerseits ein sprechendes Zeugnis für einen «interessengeleiteten Selektionsprozess».
23 Jan Assmann, *Moses der Ägypter*, S. 34.
24 Vgl. ebenda.
25 Gotthold Ephraim Lessing, *Die Erziehung des Menschengeschlechts*, § 79 und 80. In *Werke und Briefe*, Band 10, Frankfurt am Main 2001.
26 Ebenda, § 91–100.
27 Eine Geschichte der Rezeption des Lessing'schen Reinkarnationsgedankens hat vonseiten der Esoterikforschung *Daniel Cyranka* in seinem Buch *Lessing im Reinkarnationsdiskurs*, Göttingen 2005, vorgelegt. Darin bespricht er auch die anthroposophische Rezeption Lessings und geht dabei auf Veröffentlichungen von *Rudolf Steiner*, *Emil Bock*, *Friedrich Rittelmeyer* und *Manfred Krüger* zu Lessings Reinkarnationsvorstellung ein.

28 Heraklit, Fragment B 119.
29 Das «Dämonische» ist hier im Sinne von Geist gemeint.
30 Rudolf Steiner, *Das Christentum als mystische Tatsache und die Mysterien des Altertums*, GA 8, Dornach ⁹1989, S. 45ff.
31 Rudolf Steiner, *Theosophie. Einführung in übersinnliche Welterkenntnis und Menschenbestimmung*, GA 9, Dornach ³²2003, S. 72ff.
32 Rudolf Steiner, *Anthroposophische Leitsätze*, GA 26, zitiert nach *Lesen in der Akasha-Chronik*, S. 186.
33 Im Zusammenhang einer Darstellung über die Bedeutung des Weins und dessen Einführung in der griechischen Kulturepoche macht Steiner darauf aufmerksam, dass durch den Alkoholgenuss das Gedächtnis für die früheren Erdenleben getrübt wurde: «Seitdem die Menschheit Wein zu trinken begann, verdunkelte sich die Idee der Wiederverkörperung ganz schnell [...]. Denn der Alkohol hat auf den menschlichen Organismus eine besondere Wirkung, insbesondere auf den Ätherleib, in dem das Gedächtnis seinen Sitz hat. Der Alkohol verschleiert das Gedächtnis [...]. Dabei handelt es sich nicht um ein oberflächliches, momentanes Vergessen, sondern um ein tiefes und dauerndes Vergessen [...]. Daher verloren die Menschen, als sie sich anschickten, Wein zu trinken, nach und nach ihr ursprüngliches Gefühl für die Wiederverkörperung.» Vortrag vom 31. Mai 1906. In *Kosmogonie*, GA 94, Dornach ²2001, S. 51.
34 Gotthold Ephraim Lessing, *Die Erziehung des Menschengeschlechts*, § 99.
35 Eine Grundfrage, der wir im Rahmen dieser Darstellung nicht weiter nachgehen können, die sich aber leicht stellen lässt, soll hier nicht unerwähnt bleiben: Wie kommen die «Eintragungen» in die Akasha-Chronik zustande? Da es in dieser Darstellung um das «Lesen in der Akasha-Chronik» geht, konnte dieser Aspekt des «Schreibens in der Akasha-Chronik» zunächst nicht weiter verfolgt werden. Es sei hier aber dennoch auf einige diesbezügliche Äußerungen Rudolf Steiners verwiesen. – Schon im ersten Kapitel (S. 22) wurden vorchristliche Zeugnisse für etwas der Akasha-Chronik, von der Steiner spricht, Vergleichbares erwähnt, das «Buch des Lebens» oder «Gedächtnisbuch», die laut der orientalischen Tradition auf «Aufzeichnungen» der Götter, nicht der Menschen beruhen. In der Antike, vor allem im Orient herrschte diesbezüglich offensichtlich die Vorstellung, dass die Götter eine Art Buchführung über die Taten der Menschen betreiben. Bei Rudolf Steiner aber ist lediglich davon die Rede, dass das Ewige, Unvergängliche der menschlichen Handlungen in der Akasha-Chronik «nachzulesen» sei. Wie aber die «Eintragungen» «geschrieben» werden, darüber findet man bei ihm zunächst keine Hinweise. Es stellt sich aber im Hinblick auf die antiken Vorstellungen die Frage, ob möglicherweise gar nicht die Menschen selber, sondern hierarchische Wesen (Engel) die Taten der Menschen in die Akasha-Chronik eintragen. Möglich wäre es aber auch, dass sich im Laufe der Menschheitsentwicklung die Verhältnisse geändert haben und es heute möglicherweise doch die Menschen selber sind, die die Akasha-Chronik schreiben, ohne sich

allerdings dessen immer bewusst zu sein. Wie aber kämen dann diese «Eintragungen» zustande? Die wenigen Aussagen Rudolf Steiners hierzu lassen sich wie folgt zusammenfassen (Vorträge vom 13. Januar 1924, GA 233a; 1. Mai 1913, GA 152, und 27. August 1916, GA 170). Vorchristlich war es «nur» den Eingeweihten möglich, «Eintragungen» in die Akasha-Chronik selbstständig während ihres Erdenlebens vorzunehmen. Diese sind für den heutigen Eingeweihten «lesbar» (GA 233a). Auf die heutige Zeit bezogen spricht Steiner davon, dass lediglich geisteswissenschaftlich gebildete Gedanken, also Gedanken, die in irgendeiner Weise eine anthroposophische Erkenntnis zum Ausdruck bringen, direkt, während sie gedacht werden, in die Akasha-Chronik eingetragen werden (GA 170, GA 152). Diese seien dann unmittelbar für die Verstorbenen «lesbar». Hier wäre zu fragen, ob dies möglicherweise während der Nacht geschieht. Alles Übrige, dem Sinnlichen Verhaftete würde erst nachtodlich, unter Anleitung hierarchischer Wesen, so in die Akasha-Chronik eingetragen, dass es dort keinen Schaden anrichten könne (GA 170). Dennoch sei es aber Luzifer und Ahriman möglich, die verfehlten Handlungen und Gedanken der Menschen direkt, also noch während des Erdenlebens in die Akasha-Chronik einzutragen (GA 170). – Daraus ergibt sich nun der hier nur vorläufig gezogene Schluss, dass die allermeisten Eintragungen in die Akasha-Chronik erst im Leben zwischen Tod und neuer Geburt bei der nachtodlichen Verarbeitung des vorangegangenen Erdenlebens und unter Mitwirkung hierarchischer Wesenheiten vorgenommen werden. Um dem weiter nachzugehen, wäre nun eine weitergehende Beschäftigung mit Steiners Aussagen über das nachtodliche Leben erforderlich, was den hier gegebenen Rahmen aber sprengen würde. Auch die Frage nach der Wirksamkeit der Gegenmächte Luzifer und Ahriman wäre im Rahmen einer solchen Untersuchung des «Schreibens in der Akasha-Chronik» zu beantworten (vgl. Anm. 146). – Der Leser mag es bedauern, dass dieser Aspekt hier nur in Form einer Anmerkung berührt wird. Das hängt jedoch auch mit der hier eingenommenen Perspektive zusammen, die auch im Hinblick auf den Reinkarnationsgedanken einseitig ist, weil sie den dazu gehörigen Karmagedanken, der sich auf das individuelle Schicksal bezieht und der wohl daher auch zumindest in allen mir bekannten anthroposophischen Darstellungen zum Thema Reinkarnation immer im Vordergrund stand, zunächst ausklammern musste, um zum Verständnis der Bedeutung des Reinkarnationsgedankens für die Menschheitsgeschichte überhaupt vorzudringen. Damit ist aber auch auf den Rahmen einer weitergehenden Untersuchung hingewiesen, die in Zukunft noch zu leisten sein wird.

36 Rudolf Steiner, *Aus der Akasha-Forschung. Das fünfte Evangelium*, GA 148, Vortrag vom 18. Dezember 1913, zitiert nach *Lesen in der Akasha-Chronik*, S. 173f.
37 Rudolf Steiner, *Die Schwelle der geistigen Welt*, GA 17, Dornach [7]1987, S. 78.
38 Rudolf Steiner, *Aus der Akasha-Forschung. Das fünfte Evangelium*, GA 148, Dornach [5]1992, S. 175ff.

39 Rudolf Steiner, *Makrokosmos und Mikrokosmos*, GA 119, Vortrag vom 30. März 1910, zitiert nach *Lesen in der Akasha-Chronik*, S. 154ff.
40 Rudolf Steiner, *Das Christentum als mystische Tatsache und die Mysterien des Altertums*, GA 8, zitiert nach *Lesen in der Akasha-Chronik*, S. 24ff.
41 Rudolf Steiner, *Das Christentum als mystische Tatsache und die Mysterien des Altertums*, GA 8, Dornach ⁹1989, S. 48f.
42 Ebenda, S. 149.
43 Vgl. Christoph Lindenberg, *Individualismus und offenbare Religion. Rudolf Steiners Zugang zum Christentum*, Stuttgart ²1995.
44 Rudolf Steiner, Vortrag vom 5. Oktober 1918. In *Die Polarität von Dauer und Entwickelung im Menschenleben*, GA 184, zitiert nach *Lesen in der Akasha-Chronik*, S. 30f.
45 Helmut Thielicke, Nachwort zu Lessings *Erziehung des Menschengeschlechts*, Stuttgart 1965, S. 82ff. Eine ausführliche Würdigung des Lessing'schen Verhältnisses zum Christentum hat Thielicke 1957 mit der dritten Auflage seines Buches *Offenbarung, Vernunft und Existenz. Studien zur Religionsphilosophie Lessings*, Gütersloh 1957, vorgelegt. Allerdings verschweigt er hier den Gedanken der Wiederverkörperung vollkommen und verschafft sich dadurch unnötige Erklärungsnöte.
46 Ebenda, S. 89.
47 Friedrich Heinrich Jacobi, *Über die Lehre des Spinoza in Briefen an Herrn Moses Mendelssohn*, Breslau 1785.
48 Vgl. Helmut Thielicke, a.a.O., S. 90f.
49 Joachim von Fiore (1130–1202) verbreitete die weithin aufgenommene Lehre von den drei Zeitaltern, dem Zeitalter des Alten Testamentes, des Vaters, des Neuen Testamentes, des Sohnes, und der Offenbarung, des Heiligen Geistes, dessen Anbruch er allerdings bereits für 1260 erwartete.
50 Vgl. Gotthold Ephraim Lessing, *Die Erziehung des Menschengeschlechts*, §§ 85–90.
51 *Philo von Alexandrien* (um 20 v. Chr.–50 n. Chr.) war ein jüdisch-griechischer Philosoph, der in seiner Logos-Philosophie Elemente der griechischen Philosophie und der jüdischen Religion miteinander verband und damit für die späteren Kirchenväter zu einem wichtigen Vermittler zwischen der antiken Mysterienlehre und dem Christentum wurde.
52 Rudolf Steiner, *Das Christentum als mystische Tatsache und die Mysterien des Altertums*, GA 8, zitiert nach *Lesen in der Akasha-Chronik*, S. 22.
53 Ebenda, S. 23.
54 Rudolf Steiner, *Mein Lebensgang*, GA 28, Dornach ⁹2000, S. 365f.
55 Ebenda.
56 Rudolf Steiner, *Das Johannesevangelium im Verhältnis zu den drei anderen Evangelien*, GA 112, Dornach ⁶1984, S. 15 und 20.
57 Dieser Zusammenhang wird 1902 in *Das Christentum als mystische Tatsache* nicht explizit ausgesprochen. Nur wenn man um das Geheimnis weiß, kann man es zwischen den Zeilen lesen. Explizit spricht Rudolf Steiner in seinen

Vorträgen über das Johannes-Evangelium ab 1906 über die Identität von Lazarus und Johannes, z. B. im Vortrag vom 19. Februar 1906 in *Kosmogonie*, GA 94, Dornach ²2001.

58 Rudolf Steiner, *Wie erlangt man Erkenntnisse der höheren Welten?*, GA 10, Dornach ²⁴1993, S. 211f.

59 Platon, *Der Staat*, 516eff., übersetzt von Wilhelm Wiegand, Worms 1870.

60 Rudolf Steiner, *Wie erlangt man Erkenntnisse der höheren Welten?*, S. 212.

61 Rudolf Steiner, *Von der Initiation*, GA 138, Vortrag vom 29. August 1912, zitiert nach *Lesen in der Akasha-Chronik*, S. 27.

62 Rudolf Steiner, *Aus der Akasha-Chronik*, GA 11, zitiert nach *Lesen in der Akasha-Chronik*, S. 32f.

63 Vgl. Rudolf Steiner, *Mein Lebensgang*, GA 28, Dornach, ⁹2000, Kapitel 3, sowie den autobiografischen Vortrag vom 4. Februar 1913. In *Selbstzeugnisse*, Dornach 2007.

64 Helena Petrovna Blavatsky (1831–1891).

65 Der Ausdruck «Rasse» wurde in theosophischen Zusammenhängen benutzt für bestimmte zeitliche Phasen der Kulturentwicklung.

66 Rudolf Steiner, *Okkulte Geschichtsforschung*, Autoreferat eines Vortrags vom 18. Oktober 1903. In *Über die astrale Welt und das Devachan*, GA 88, Dornach 1999, S. 189.

67 Rudolf Steiner, *Wie erlangt man Erkenntnisse der höheren Welten?*, GA 10, Dornach ²⁴1993, S. 206.

68 Rudolf Steiner, *Das Christentum als mystische Tatsache und die Mysterien des Altertums*, GA 8, S. 123.

69 Rudolf Steiner, *Das Johannes-Evangelium im Verhältnis zu den drei anderen Evangelien*, GA 112, zitiert nach *Lesen in der Akasha-Chronik*, S. 38f.

70 Rudolf Steiner, *Wie erlangt man Erkenntnisse der höheren Welten?*, GA 10, S. 206.

71 Eine Ausnahme bildet in der anthroposophischen Literatur Hans Erhard Lauer mit dem 1956 erschienenen ersten Band seiner *Geschichte als Stufengang der Menschheit*, Freiburg 1956.

72 Vgl. hierzu Hans Erhard Lauer, *Geschichte als Stufengang der Menschwerdung*, Band 1: *Erkenntnis und Erinnerung*, Teil 2: *Erinnerung und Überlieferung*, S. 105–149.

73 Siehe dazu das Kapitel *Ausblick* am Ende dieses Buchs.

74 Siehe vor allem zur Bedeutung der Schrift als Medium der Erinnerung Jan Assmann, *Das kulturelle Gedächtnis. Schrift, Erinnerung und politische Identität in frühen Hochkulturen*, München 1992. Ebenso fundamental ist auch die Studie *Erinnerungsräume. Formen und Wandlungen des kulturellen Gedächtnisses* von Aleida Assmann, München 1999, sowie Jan Assmanns *Religion und kulturelles Gedächtnis*, München 2000.

75 Vgl. den Abschnitt über die Hirnentwicklung und die Bedeutung des präfrontalen Cortex (S. 101ff.).

76 Siehe hierzu Rudolf Steiner, *Anthroposophische Leitsätze*, Kapitel *Himmels-*

geschichte. Mythologische Geschichte. Erdgeschichte. Mysterium von Golgatha, Dornach [10]1998, S. 167ff., und *Die Weltgeschichte in anthroposophischer Beleuchtung und als Grundlage der Erkenntnis des Menschengeistes*, Vortrag vom 24. Dezember 1923: *Die Seelengeschichte der Menschheit in Bezug auf die Entwickelung des Gedächtnisses*, Dornach [5]1991.

77 Wir beziehen uns hier im Wesentlichen auf einen Vortrag vom 24. Dezember 1923, den er zur Eröffnung der sogenannten «Weihnachtstagung» zur Neubegründung der Anthroposophischen Gesellschaft gehalten hat, enthalten in *Die Weltgeschichte in anthroposophischer Beleuchtung und als Grundlage der Erkenntnis des Menschengeistes*, GA 233, Dornach [5]1991. Der Vortrag trägt den Titel *Die Seelengeschichte der Menschheit in Bezug auf die Entwickelung des Gedächtnisses*. – Da die Schilderungen dieses Vortrags wie alle anderen historischen Darstellungen Steiners auf dem hier zu untersuchenden «Lesen in der Akasha-Chronik» beruhen, wir aber nicht nur die Evolution des Gedächtnisses, sondern damit auch dieses «Lesen in der Akasha-Chronik» begründen wollen, befinden wir uns in einem argumentativen Zirkel, denn rein logisch gesehen können wir das, was wir «beweisen» wollen, nicht zum Ausgangspunkt dieses Beweises machen. Diesem Zirkel können wir nur entrinnen, wenn wir nicht einen logischen Beweis für unsere Darstellung der Evolution von Gedächtnis und Erinnerung und damit des «Lesens in der Akasha-Chronik» suchen, sondern wenn wir innerlich die Gedankenbewegung der Steiner'schen Darstellung nachvollziehen, anhand der äußeren Zeugnisse überprüfen und dann feststellen, ob uns diese plausibel erscheinen oder nicht. Letztlich muss uns der «gesunde Menschenverstand» sagen, ob Steiners Ausführungen eine für uns befriedigende Erklärung der Evolution des Bewusstseins darstellen oder nicht. Dann können wir die methodischen Grundlagen seiner Forschung, des «Lesens in der Akasha-Chronik», anhand des in diesem Buch erstmals Dargestellten einer solchen Überprüfung unterziehen, um auch hier zu einem uns befriedigenden Ergebnis zu kommen oder nicht. Steiner hat immer wieder betont, dass er von seinen Lesern und Zuhörern weder blinde Gläubigkeit erwartet, noch dass sie die Ergebnisse seiner Geistesforschung durch eigene Forschungen gleicher Art überprüfen, sondern er hat lediglich die Anwendung des hier in Rede stehenden «gesunden Menschenverstandes» erwartet. Diese erweist sich auch in der Praxis insofern als wirksam, als sich dann zeigt, ob das von Steiner Dargestellte und von uns mit gesundem Menschenverstand Geprüfte im Leben tatsächlich eine Hilfe darstellt oder nicht, ob es also nicht nur eine theoretische Erklärung bestimmter Entwicklungsvorgänge bietet, sondern eine sich in unserem Leben praktisch bewahrheitende.

78 Ebenda.
79 Vgl. dazu das in Anm. 57 Ausgeführte.
80 Genauere Zeitangaben finden sich bei Steiner selten. Er spricht immer im Hinblick auf bestimmte geografische Kulturräume.

81 Rudolf Steiner, Vortrag vom 24. Dezember 1923, zitiert nach *Lesen in der Akasha-Chronik*, S. 98ff.

82 Siehe bezüglich der Funktion von Steinkreisen und Ganggräbern die ausführliche Darstellung von Frank Teichmann in seinem mehrfach aufgelegten Buch *Der Mensch und sein Tempel. Megalithkultur in Irland, England und der Bretagne*, Stuttgart ³1999.

83 Nach Hesiod, *Theogonie*, nacherzählt von Hans Rudolf Niederhäuser. In *Von griechischen Göttern und Helden*, Stuttgart 1967.

84 Rudolf Steiner, *Anthroposophische Leitsätze*, Dornach ¹⁰1998, Kapitel *Himmelsgeschichte. Mythologische Geschichte. Erdgeschichte. Mysterium von Golgatha*, S. 170.

85 Rudolf Steiner, Vortrag vom 24. Dezember 1923, zitiert nach *Lesen in der Akasha-Chronik*, S. 22.

86 *Hymnus an Demeter*, nacherzählt nach Homer von Hans Rudolf Niederhäuser. In *Von griechischen Göttern und Helden*, Stuttgart 1967.

87 Carl Gustav Jung und Karl Kerényi, *Einführung in das Wesen der Mythologie. Der Mythos vom göttlichen Kind und eleusinische Mysterien*, Zürich 1999, S. 144 und 147.

88 Rudolf Steiner, *Bibel und Weisheit*, Vortrag vom 14. November 1908. In *Wo und wie findet man den Geist?*, GA 57, zitiert nach *Lesen in der Akasha-Chronik*, S. 78ff.

89 Mircea Eliade, *Kosmos und Geschichte. Der Mythos der ewigen Wiederkehr*, Frankfurt am Main 2007, S. 61.

90 Ein dritter Faktor für die Umwandlung des Gedächtnisses in der griechischen Kulturepoche war, wie in Anm. 33 schon erwähnt, die Einführung des Weingenusses, der zum Verlust des Reinkarnationsgedächtnisses führte.

91 Vgl. dazu Rudolf Steiner, *Blut ist ein ganz besonderer Saft*, Vortrag vom 25. Oktober 1906. In *Die Erkenntnis des Übersinnlichen in unserer Zeit und deren Bedeutung für das heutige Leben*, GA 55, Dornach ²1983.

92 Rudolf Steiner, *Bibel und Weisheit*, Vortrag vom 14. November 1908. In *Wo und wie findet man den Geist?*, GA 57, Dornach ²1984, S. 129.

93 Jan Assmann, *Religion und kulturelles Gedächtnis*, München 2000, S. 149.

94 Jan Assmann, *Das kulturelle Gedächtnis*, München 1999, S. 89.

95 Rudolf Steiner, *Bibel und Weisheit*, Vortrag vom 14. November 1908. In *Wo und wie findet man den Geist?*, GA 57, S. 126.

96 Platon, *Phaidros*, 274c–275b. Der Text folgt der Übersetzung durch Ludwig Georgii von 1853. Hervorhebungen: Andreas Neider.

97 Rudolf Steiner, Vortrag vom 24. Dezember 1923, zitiert nach *Lesen in der Akasha-Chronik*, S. 22.

98 Rudolf Steiner, *Aus der Akasha-Chronik*, GA 11, zitiert nach *Lesen in der Akasha-Chronik*, S. 32.

99 Rudolf Steiner, Vortrag vom 29. Dezember 1923. In *Die Weltgeschichte in anthroposophischer Beleuchtung und als Grundlage der Erkenntnis des Menschengeistes*, GA 233, zitiert nach *Lesen in der Akasha-Chronik*, S. 110.

100 Stanley I. Greenspan und Stuart G. Shanker, *Der erste Gedanke. Frühkindliche Kommunikation und die Evolution menschlichen Denkens*, Weinheim 2007, S. 28.
101 Ebenda, S. 14.
102 Rudolf Steiner, *Bibel und Weisheit*, Vortrag vom 14. November 1908. In *Wo und wie findet man den Geist?*, GA 57, S. 126.
103 Warum das so ist, wäre eine eigene Untersuchung wert, die aber im Rahmen dieses Buches leider nicht möglich ist. In diesem Zusammenhang müsste die Gedächtnisentwicklung in eine umfassende Sinneslehre eingebunden werden.
104 Hans J. Markowitsch und Harald Welzer, *Das autobiografische Gedächtnis. Hirnorganische Grundlagen und biosoziale Entwicklung*, Stuttgart 2005.
105 Vg. dazu Martin Dornes, *Der kompetente Säugling. Die präverbale Entwicklung des Menschen*, Frankfurt am Main 1992, S. 8off.
106 Vgl. dazu Rudolf Steiner, Vortrag vom 6. Juni 1911. In *Die geistige Führung des Menschen und der Menschheit*, GA 15, Dornach ^{10}1987.
107 Hans J. Markowitsch und Harald Welzer, *Das autobiografische Gedächtnis*, S. 215.
108 Ebenda, S. 219.
109 Katherine Nelson, *Erzählung und Selbst, Mythos und Erinnerung. Die Entwicklung des autobiografischen Gedächtnisses und des kulturellen Selbst*. In *BIOS*, 15, 2, 2002, S. 241-263.
110 Vgl. Hans J. Markowitsch und Harald Welzer, *Das autobiografische Gedächtnis*, S. 223.
111 Platon, *Timaios*, 20e-26c. Der Text folgt der Übersetzung durch Franz Susemihl von 1856.
112 Platon beschreibt die Stufen der Erkenntnis der Wahrheit z. B. in seinem *Höhlengleichnis* im siebten Buch der *Politeia*. Bei Steiner findet sich diese Darstellung in seiner *Geheimwissenschaft im Umriss* im Kapitel *Die Erkenntnis der höheren Welten*. Vgl. dazu auch Rudolf Steiner, *Lesen in der Akasha-Chronik*, Kapitel V: *Methodisches: Die Erweiterung von Erinnerung und Gedächtnis durch die hellseherische Schulung – der siebenstufige Erkenntnisweg*. – Siehe dazu auch Kapitel 8 in diesem Buch.
113 Jan Assmann, *Religion und kulturelles Gedächtnis*, S. 211.
114 Platon, *Gesetze*, 680a.
115 Vgl. dazu die umfangreiche Literatur zum Charakter der platonischen Mythen, so etwa Karl Reinhardt mit seiner Schrift *Platons Mythen*, Bonn 1927. Josef Pieper behandelt die platonischen Mythen in seinem Werk *Über die platonischen Mythen* von 1965 und von französischer Seite haben besonders Luc Brisson mit seinem Buch *Platon, les mots et les mythes*, Paris 1982, und Jean-François Mattéi mit seinem Buch *Platon et le miroir du mythe. De l'âge d'or à l'Atlantide*, Paris 1996, zu dieser Frage wertvolle Aspekte beigetragen.
116 Darauf weist schon der mythologisch gebildetste Philosoph des deutschen

Idealismus, F. W. J. *Schelling*, hin, wenn er sagt: «Bei jeder Erklärung ist das Erste, dass sie dem zu Erklärenden Gerechtigkeit widerfahren lasse, es nicht herabdrücke, herabdeute, verkleinere oder verstümmle, damit es leichter zu begreifen sei. Hier fragt sich nicht, welche Ansicht muss von der Erscheinung gewonnen werden, damit sie irgendeiner Philosophie gemäß sich bequem erklären lasse, sondern umgekehrt, welche Philosophie wird gefordert, um dem Gegenstand gewachsen, auf gleicher Höhe mit ihm zu sein. Nicht, wie muss das Phänomen gewendet, gedreht, vereinseitigt oder verkümmert werden, um aus Grundsätzen, die wir uns einmal vorgesetzt nicht zu überschreiten, noch allenfalls erklärbar zu sein, sondern: Wohin müssen unsere Gedanken sich erweitern, um mit dem Phänomen in Verhältnis zu stehen.» (F. W. J. Schelling, *Philosophie der Mythologie*, Band 2, Darmstadt 1976, S. 137.)
117 *Timaios*, 20d, 7–8; 21a, 4–6; 26e, 6.
118 *Kritias*, 113.
119 Platon, *Kritias*, 108d.
120 Vgl. zur Funktion der Mnemosyne bei Platon und den Griechen Jean-Pierre Vernant, *Mythe et pensée chez les grecs. Etudes de psychologie historique*, Paris 1971.
121 Rudolf Steiner, *Die Geheimwissenschaft im Umriss*, GA 13, Vorwort zur 16.–20. Auflage, Januar 1925, S. 26f.
122 Genauer begründet hat Rudolf Steiner die «drei Bücher», von denen er 1903 sprach, später als «die drei Schritte der Anthroposophie»; vgl. *Drei Schritte der Anthroposophie. Philosophie – Kosmologie – Religion*, GA 25, Dornach ⁴1999. Darin entspricht das «dritte Buch» dem dritten Schritt, der *Ich-Erkenntnis* bzw. der Erkenntnis der Religion.
123 Siehe dazu Andreas Delor, *Kampf um Atlantis. Ein Beitrag zur anthroposophischen Atlantis-Diskussion*, Frankfurt am Main 2004.
124 Vgl. Anm. 122.
125 Joachim Latacz, *Der Beginn von Schriftlichkeit und Literatur*. In *Homer. Der Mythos von Troia in Dichtung und Kunst* (Ausst.-Kat.), München 2008.
126 Joachim Latacz, *Homer-Darstellungen in der antiken Literatur*, ebenda.
127 Siehe zum Folgenden Tomas Lochmanns Beschreibung des Reliefs in dem Artikel *Die Person Homers*, ebenda, S. 298, und Walter F. Otto, *Die Musen und der göttliche Ursprung des Singens und Sagens*, Düsseldorf 1955, S. 24f.
128 Sie dazu im Detail die Darstellung von Alain Denjean, *Odysee der Menschwerdung. Die Altersstufen des Kindes und die Abenteuer des Odysseus. Ein Leitfaden für Eltern, Lehrer und Erzieher*, Stuttgart 2008.
129 Siehe dazu auch Max Horkheimer und Theodor W. Adorno, *Dialektik der Aufklärung. Philosophische Fragmente* (Erstauflage 1944), Frankfurt am Main 1969.
130 So ist Poseidon bei Platon auch die Hauptgottheit der vorzeitlichen Zivilisation der Atlantis, gegen die die Griechen sich aber behaupten.
131 Auf die Frage nach seinem Namen antwortet Odysseus dem Zyklopen:

«Niemand ist mein Name.» Das hängt auch damit zusammen, dass im Griechischen das Wort für «niemand», «oudeis», sehr ähnlich wie «Odysseus» klingt.

132 Rudolf Steiner, *Aus der Akasha-Chronik*, GA 11, S. 21f.
133 Rudolf Steiner, *Wie erlangt man Erkenntnisse der höheren Welten?*, GA 10, S. 211f.
134 Auf diese beiden Richtungen der Übung auf dem Schulungsweg, wie ihn Rudolf Steiner entwickelt hat, hat besonders *Jörgen Smit* (1916–1991) immer wieder hingewiesen. Siehe dazu sein Buch *Meditation und Christuserfahrung. Wege zur Verwandlung des eigenen Lebens*, Stuttgart ⁴2008. Viel ausführlicher, als es an dieser Stelle möglich ist zu zitieren, findet man die betreffenden Darstellungen Rudolf Steiners in den drei Auswahlbänden *Innere Ruhe* (Stuttgart 2000), *Interesse am anderen Menschen* (Stuttgart 1999) und *Entwicklung des Denkens – Stärkung des Willen* (Stuttgart 2004), alle herausgegeben von Andreas Neider. Besonders ausführlich geht Rudolf Steiner auf die beiden Entwicklungsrichtungen des Denkens und Wollens ein in seinem Aufsatz *Frühere Geheimhaltung und jetzige Veröffentlichung übersinnlicher Erkenntnisse*. In *Philosophie und Anthroposophie*, GA 35, Dornach ²1984.
135 Vgl. dazu Roland Halfen und Andreas Neider (Hrsg.), *Imagination. Das Erleben des schaffenden Geistes*, Stuttgart 2002.
136 Vgl. dazu Rudolf Steiners ausführliche Darstellung des Zusammenwirkens von imaginativer und inspirativer Erkenntnis in *Grenzen der Naturerkenntnis*, GA 322, Dornach ⁵1981.
137 Rudolf Steiner, Vortrag vom 25. Mai 1921. In *Lesen in der Akasha-Chronik*, S. 15f.
138 Rudolf Steiner, *Die Geheimwissenschaft im Umriss*, GA 13, S. 62.
139 Ebenda, S. 357ff.
140 Ebenda, S. 141f.
141 Rudolf Steiner, *Frühere Geheimhaltung und jetzige Veröffentlichung übersinnlicher Erkenntnisse*. In *Philosophie und Anthroposophie*, GA 35, Dornach ²1984, S. 400.
142 Rudolf Steiner, *Innere Ruhe*, hrsg. von Andreas Neider, Stuttgart 2000, S. 81f.
143 Ebenda, S. 82.
144 Rudolf Steiner, Vortrag vom 26. November 1914. In Rudolf Steiner, *Entwicklung des Denkens – Stärkung des Willens*, hrsg. von Andreas Neider, Stuttgart 2004, S. 24f.
145 Vgl. dazu *Wo steckt unser Ich? Beiträge zu einer «sphärischen Anthropologie»*, hrsg. von Andreas Neider, Stuttgart 2008.
146 Siehe dazu die ausführliche Schilderung Rudolf Steiners in *Wie erlangt man Erkenntnisse der höheren Welten?* sowie seine diesbezüglichen Darstellungen im gesamten Vortragswerk. Innerhalb der Schulung, die Rudolf Steiner nach der Weihnachtstagung als Freie Hochschule für Geisteswissenschaft neu begründet hat, nimmt die Schilderung dieser Begegnung

eine zentrale Rolle ein. – Hier ergibt sich auch eine Querverbindung zu dem in Anmerkung 35 Gesagten. Dort hatten wir gesehen, dass die «Eintragungen» in die Akasha-Chronik von alledem, was die Menschen an Falschem, Lügenhaftem, Bösem tun, durch Luzifer und Ahriman vorgenommen werden (Vortrag vom 27. August 1916. In *Das Rätsel des Menschen,* GA 170, Dornach ³1992). Das würde bedeuten, dass der Doppelgänger eines Menschen in gewisser Weise auch Bestandteil der Akasha-Chronik wäre und erst im Laufe vieler Erdenleben und nachtodlicher «Arbeit» daraus getilgt werden könnte. Die Menschen würden also in dieser Perspektive ständig weiter an der Akasha-Chronik arbeiten und diese in bestimmter Weise «korrigieren», umarbeiten und weiter «schreiben». Auch dieser Aspekt der Akasha-Chronik müsste im Rahmen einer weiteren Untersuchung vertieft werden. Vgl. zur Frage nach der Struktur der Akasha-Chronik auch den erwähnten Auswahlband *Lesen in der Akasha-Chronik.*

147 Vgl. S. 60ff.
148 Vgl. Rudolf Steiner, *Lesen in der Akasha-Chronik,* S. 145ff.
149 Vgl. dazu Andreas Neider, *Anthroposophie und Rosenkreuzertum.* In *Die Drei,* 12, 2007.
150 Rudolf Steiner, *Wie erlangt man Erkenntnisse der höheren Welten?,* S. 212.
151 Platon, *Der Staat,* 517a ff., Übersetzung von W. Wiegnand, vgl. S. 60ff.
152 Vgl. dazu die Darstellungen von Frank Teichmann, *Die Entstehung der Anthroposophischen Gesellschaft auf mysteriengeschichtlichem Hintergrund,* Stuttgart 2002, und Christoph Lindenberg, *Rudolf Steiner. Eine Biografie,* Stuttgart 1997.
153 Auf diesen wesentlichen Aspekt der sogenannten Karmaübungen machten später lediglich Carl Unger *(Aus der Sprache der Bewusstseinsseele,* 1930, Neuausgabe Stuttgart 2007, Kapitel *Karma und Geschichte),* und Hans Erhard Lauer *(Geschichte als Stufengang der Menschwerdung,* Band 1, Freiburg 1957, Kapitel *Die Zukunftsform der menschlichen Erinnerung),* aufmerksam. Ansonsten blieb dieser Kontext der Karmaübungen weitgehend unbeachtet.
154 Vgl. Rudolf Steiner, *Lesen in der Akasha-Chronik,* S. 192ff.
155 An dieser Stelle möchte ich inhaltlich auf die «Karmaübungen» nicht weiter eingehen, weil diese erstens von Rudolf Steiner selbst ausführlich beschrieben worden sind, besonders in den Bänden *Wiederverkörperung und Karma,* GA 135, Dornach ⁴1989, und *Esoterische Betrachtungen karmischer Zusammenhänge Band II,* GA 236, Dornach ⁶1988. Außerdem gibt es zu diesem Thema eine reichhaltige Sekundärliteratur. Hingewiesen sei auf das umfangreichste und jüngste Werk zu den Karmaübungen von Paul Wormer, Lili Chavannes und Ate Koopmans, *Blick aufs Karma. Schicksalselemente im Lebenslauf,* Stuttgart 2004.
156 Nur angedeutet sei hier, dass wir es in Rudolf Steiners Gesamtwerk generell mit den beiden beschriebenen Entwicklungsrichtungen zu tun haben: Die erste bringt seine eigenen Schöpfungen, besonders die künstlerischen – Architektur, Eurythmie – und praktischen – Pädagogik, Medizin, Landwirt-

schaft – hervor, die zweite die Darstellungen aus der Akasha-Chronik, also sämtliche Ausführungen zur Evolution und Geschichte. Die Anteile der beiden Darstellungsrichtungen im Gesamtwerk dürfte etwa gleich groß sein.

157 Siehe dazu die ausführliche Schilderung von Andrej Belyj in seinem Buch *Verwandeln des Lebens. Erinnerungen an Rudolf Steiner*, Basel ²1975. Vgl. dazu auch Peter Selgs Darstellung in *Rudolf Steiner und das Fünfte Evangelium*, Dornach 2005.

158 Siehe Rudolf Steiner, *Die Weltgeschichte in anthroposophischer Beleuchtung*, GA 233, Dornach ⁵1991.

159 Rudolf Steiner in einem Vortrag vom 1. Juni 1904. In *Zur Geschichte und aus den Inhalten der erkenntniskultischen Abteilung der Esoterischen Schule von 1904 bis 1914*, GA 265, Dornach 1987, S. 29.

160 Rudolf Steiner, Vortrag vom 25. Juli 1904, ebenda, S. 30.

161 Siehe Rudolf Steiner, *Aus der Akasha-Forschung. Das fünfte Evangelium*, GA 148, Dornach ⁵1992. Vgl. dazu das schon erwähnte Werk von Peter Selg, *Rudolf Steiner und das Fünfte Evangelium*, Dornach 2005, sowie dessen Buch *Die Kultur der Selbstlosigkeit. Rudolf Steiner, das Fünfte Evangelium und das Zeitalter der Extreme*, Dornach ²2007.

162 Vgl. Rudolf Steiner, Vortrag vom 14. Oktober 1911, zitiert nach *Lesen in der Akasha-Chronik*, S. 124ff.

163 Rudolf Steiner, *Vorstufen zum Mysterium von Golgatha*, GA 152, Dornach ³1990, S. 92.

164 Rudolf Steiner, Vortrag vom 24. Juni 1909, zitiert nach *Lesen in der Akasha-Chronik*, S. 26f.

165 Sie dazu Rudolf Steiner, *Vorstufen zum Mysterium von Golgatha*, GA 152, Dornach ³1990.

166 Rudolf Steiner, Vortrag vom 7. März 1914. In *Vorstufen zum Mysterium von Golgatha*, GA 152, zitiert nach *Lesen in der Akasha-Chronik*, S. 74.

167 Ebenda, zitiert nach *Lesen in der Akasha-Chronik*, S. 225f.

168 Vgl. zum Christusereignis als Mitte der Geschichte den sehr lesenswerten Aufsatz von Jörg Ewertowski, *Christus, die «Sonne der Geschichte». In Anthroposophie. Vierteljahresschrift zur anthroposophischen Arbeit in Deutschland*, 244, Johanni 2008.

169 Rudolf Steiner, Vortrag vom 7. März 1914, zitiert nach *Lesen in der Akasha-Chronik*, S. 226.

170 Ebenda, S. 227f.

171 Z.B. im Vortrag vom 1. Mai 1913. In *Vorstufen zum Mysterium von Golgatha*, GA 152, sowie im oben zitierten Vortrag vom 14. Oktober 1911 (vgl. Anm. 162).

172 Nicht von Ungefähr hat Steiner eine Meditation gegeben, die als «Punkt-Umkreis-Meditation» bekannt ist. Siehe Vortrag vom 5. und 6. Juli 1924. In *Heilpädagogischer Kurs*, GA 316, Dornach ⁸1995.

173 Rudolf Steiner, Vortrag vom 7. März 1914, zitiert nach *Lesen in der Akasha-Chronik*, S. 227.

# LITERATURVERZEICHNIS

Assmann, Jan, *Das kulturelle Gedächtnis. Schrift, Erinnerung und politische Identität in frühen Hochkulturen*, München 1992.
Assmann, Jan, *Moses der Ägypter. Entzifferung einer Gedächtnisspur*, Frankfurt am Main 2000.
Assmann, Jan, *Religion und kulturelles Gedächtnis*, München 2000.
Baberowski, Jörg, *Der Sinn der Geschichte. Geschichtstheorien von Hegel bis Foucault*, München 2005.
Belyj, Andrej, *Verwandeln des Lebens. Erinnerungen an Rudolf Steiner*, Basel ²1975.
Blumenberg, Hans, *Die Lesbarkeit der Welt*, Frankfurt am Main 1981.
Brisson, Luc, *Platon, les mots et les mythes*, Paris 1994 (englische Ausgabe: *Plato the myth maker*, London 1998).
Cyranka, Daniel, *Lessing im Reinkarnationsdiskurs*, Göttingen 2005.
Delor, Andreas, *Kampf um Atlantis. Ein Beitrag zur anthroposophischen Atlantis-Diskussion*, Frankfurt am Main 2004.
Denjean, Alain, *Odyssee der Menschwerdung. Die Altersstufen des Kindes und die Abenteuer des Odysseus. Ein Leitfaden für Eltern, Lehrer und Erzieher*, Stuttgart 2008.
Dornes, Martin, *Der kompetente Säugling. Die präverbale Entwicklung des Menschen*, Frankfurt am Main 1992.
Eliade, Mircea, *Kosmos und Geschichte. Der Mythos der ewigen Wiederkehr*, Frankfurt am Main 2007.
Ewertowski, Jörg, *Christus, die «Sonne der Geschichte»*. In *Anthroposophie. Vierteljahresschrift zur anthroposophischen Arbeit in Deutschland*, 244, Jo-hanni 2008.
Greenspan, Stanley I., und Stuart G. Shanker, *Der erste Gedanke. Frühkindliche Kommunikation und die Evolution menschlichen Denkens*, Weinheim 2007.
Halfen, Roland, und Andreas Neider (Hrsg.), *Imagination. Das Erleben des schaffenden Geistes*, Stuttgart 2002.
Hesiod, *Theogonie*, nacherzählt von Hans Rudolf Niederhäuser. In *Von griechischen Göttern und Helden*, Stuttgart 1967.
Homer, *Hymnus an Demeter*, nacherzählt von Hans Rudolf Niederhäuser. In *Von griechischen Göttern und Helden*, Stuttgart 1967.
Homer, *Odyssee*, übersetzt von Wolfgang Schadewaldt, Hamburg 1958.
Horkheimer, Max, und Theodor W. Adorno, *Dialektik der Aufklärung. Philosophische Fragmente* (Erstauflage 1944), Frankfurt am Main 1969.
Jacobi, Friedrich Heinrich, *Über die Lehre des Spinoza in Briefen an Herrn Moses Mendelssohn*, Breslau 1785.

Jung, Carl Gustav, und Karl Kerényi, *Einführung in das Wesen der Mythologie. Der Mythos vom göttlichen Kind und eleusinische Mysterien*, Zürich 1999.
Koep, Leo, *Das himmlische Buch in Antike und Christentum. Eine religionsgeschichtliche Untersuchung zur altchristlichen Bildersprache*, Bonn 1952.
Latacz, Joachim, *Der Beginn von Schriftlichkeit und Literatur*. In *Homer. Der Mythos von Troia in Dichtung und Kunst* (Ausst.-Kat.), München 2008.
Latacz, Joachim, *Homer-Darstellungen in der antiken Literatur*. In *Homer. Der Mythos von Troia in Dichtung und Kunst* (Ausst.-Kat.), München 2008.
Lauer, Hans Erhard, *Geschichte als Stufengang der Menschwerdung*, Band 1: *Erkenntnis und Erinnerung*, Freiburg 1956, Band 2: *Die Wiederverkörperung des Menschen als Lebensgesetz der Geschichte*, Freiburg 1958.
Lessing, Gotthold Ephraim, *Die Erziehung des Menschengeschlechts*. In *Werke und Briefe*, Band 10, Frankfurt am Main 2001.
Lindenberg, Christoph, *Individualismus und offenbare Religion. Rudolf Steiners Zugang zum Christentum*, Stuttgart ²1995.
Lindenberg, Christoph, *Rudolf Steiner. Eine Biografie*, Stuttgart 1997.
Lochmann, Tomas, *Die Person Homers*. In *Homer. Der Mythos von Troia in Dichtung und Kunst* (Ausst.-Kat.), München 2008.
Markowitsch, Hans J., und Harald Welzer, *Das autobiografische Gedächtnis. Hirnorganische Grundlagen und biosoziale Entwicklung*, Stuttgart 2005.
Mattéi, Jean-François, *Platon et le miroir du mythe. De l'âge d'or à l'Atlantide*, Paris 1996.
Nelson, Katherine, *Erzählung und Selbst, Mythos und Erinnerung. Die Entwicklung des autobiografischen Gedächtnisses und des kulturellen Selbst*. In *BIOS*, 15, 2, 2002.
Nora, Pierre, *Zwischen Geschichte und Gedächtnis*, Frankfurt am Main 1998.
Otto, Walter F., *Die Musen und der göttliche Ursprung des Singens und Sagens*, Düsseldorf 1955.
Pieper, Josef, *Über die platonischen Mythen*, München 1965.
Platon, *Phaidros*, Übersetzung von Ludwig Georgii, Stuttgart 1853.
Platon, *Der Staat*, Übersetzung von Wilhelm Wiegand, Worms 1870.
Platon, *Timaios*, Übersetzung von Franz Susemihl, Stuttgart 1856.
Reinhardt, Karl, *Platons Mythen*, Bonn 1927.
Schelling, Friedrich Wilhelm Joseph, *Philosophie der Mythologie*, Band 2, Darmstadt 1976.
Scott-Elliot, William, *Legends of Atlantis and lost Lemuria*, Wheaton 1990 (Erstauflage 1896).
Selg, Peter, *Die Kultur der Selbstlosigkeit. Rudolf Steiner, das Fünfte Evangelium und das Zeitalter der Extreme*, Dornach ²2007.
Selg, Peter, *Rudolf Steiner und das Fünfte Evangelium*, Dornach 2005.
Smit, Jörgen, *Meditation und Christuserfahrung. Wege zur Verwandlung des eigenen Lebens*, Stuttgart ⁴2008.
Steiner, Rudolf, *Anthroposophische Leitsätze*, GA 26, Dornach ¹⁰1998.

Steiner, Rudolf, *Aus der Akasha-Chronik* (zuerst erschienen in der Zeitschrift *Lucifer-Gnosis*, 1904), GA 11, Dornach ⁶1986.
Steiner, Rudolf, *Aus der Akasha-Forschung. Das fünfte Evangelium*, GA 148, Dornach ⁵1992.
Steiner, Rudolf, *Blut ist ein ganz besonderer Saft*, Vortrag vom 25. Oktober 1906. In *Die Erkenntnis des Übersinnlichen in unserer Zeit und deren Bedeutung für das heutige Leben*, GA 55, Dornach ²1983.
Steiner, Rudolf, *Das Christentum als mystische Tatsache und die Mysterien des Altertums*, GA 8, Dornach ⁹1989.
Steiner, Rudolf, *Drei Schritte der Anthroposophie. Philosophie – Kosmologie – Religion*, GA 25, Dornach ⁴1999.
Steiner, Rudolf, *Entwicklung des Denkens – Stärkung des Willens*, hrsg. von Andreas Neider, Stuttgart 2004.
Steiner, Rudolf, *Esoterische Betrachtungen karmischer Zusammenhänge. Zweiter Band*, GA 236, Dornach ⁶1988.
Steiner, Rudolf, *Frühere Geheimhaltung und jetzige Veröffentlichung übersinnlicher Erkenntnisse*. In *Philosophie und Anthroposophie*, GA 35, Dornach ²1984.
Steiner, Rudolf, *Die geistige Führung des Menschen und der Menschheit*, GA 15, Dornach ¹⁰1987.
Steiner, Rudolf, *Grenzen der Naturerkenntnis*, GA 322, Dornach ⁵1981.
Steiner, Rudolf, *Heilpädagogischer Kurs*, GA 317, Dornach ⁸1995.
Steiner, Rudolf, *Innere Ruhe*, hrsg. von Andreas Neider, Stuttgart 2000.
Steiner, Rudolf, *Interesse am anderen Menschen*, hrsg. von Andreas Neider, Stuttgart 1999.
Steiner, Rudolf, *Mein Lebensgang*, GA 28, Dornach ⁹2000.
Steiner, Rudolf, *Lesen in der Akasha-Chronik. Ausgewählte Texte*, herausgegeben und kommentiert von Andreas Neider, Dornach 2008.
Steiner, Rudolf, *Die Schwelle der geistigen Welt*, GA 17, Dornach ⁷1987.
Steiner, Rudolf, *Theosophie. Einführung in übersinnliche Welterkenntnis und Menschenbestimmung*, GA 9, Dornach ³²2003.
Steiner, Rudolf, *Vorstufen zum Mysterium von Golgatha*, GA 152, Dornach ³1990.
Steiner, Rudolf, *Die Weltgeschichte in anthroposophischer Beleuchtung und als Grundlage der Erkenntnis des Menschengeistes*, GA 233, *Dornach* ⁵1991.
Steiner, Rudolf, *Wie erlangt man Erkenntnisse der höheren Welten?*, GA 10, Dornach ²⁴1993.
Steiner, Rudolf, *Wiederverkörperung und Karma*, GA 135, Dornach ⁴1989.
Steiner, Rudolf, *Wo und wie findet man den Geist?*, GA 57, Dornach ²1984.
Stuckrad, Kocku von, *Was ist Esoterik? Kleine Geschichte des geheimen Wissens*, München 2004.
Teichmann, Frank, *Der Mensch und sein Tempel. Megalithkultur in Irland, England und der Bretagne*, Stuttgart ³1999.

Teichmann, Frank, *Die Entstehung der Anthroposophischen Gesellschaft auf mysteriengeschichtlichem Hintergrund*, Stuttgart 2002.
Thielicke, Helmut, Nachwort zu Lessings *Erziehung des Menschengeschlechts*, Stuttgart 1965.
Unger, Carl, *Aus der Sprache der Bewusstseinsseele*, Neuausgabe Stuttgart 2007.
Vernant, Jean-Pierre, *Mythe et pensée chez les grecs. Etudes de psychologie historique*, Paris 1971.
Wo steckt unser Ich? Beiträge zu einer sphärischen Anthropologie, hrsg. von Andreas Neider, Stuttgart 2008.
Wormer, Paul, und Lili Chavannes, *Blick aufs Karma. Schicksalselemente im Lebenslauf*, Stuttgart 2004.
Zander, Helmut, *Geschichte der Seelenwanderung in Europa. Alternative religiöse Traditionen von der Antike bis heute*, Darmstadt 1999.

PERSONENREGISTER

Alexander der Große 26, 46
Apollon 92, 149
Archelaos von Priene 147f.
Assmann, Jan 11, 23ff., 29, 32f., 75, 97, 104, 135, 186
Athene 126, 136
Augustinus 57

Bergson, Henri 25
Blavatsky, Helena Petrovna 21, 65
Buber, Martin 23

Christus 13, 44, 52f., 57ff., 65, 67, 69ff., 164, 168ff., 183f., 198
Chronos 92, 147

Demeter 69, 88, 90f.
Droßbach, Maximilian 35
Durkheim, Emile 25

Echnaton 24
Eliade, Mircea 23, 95
Empedokles 51

Faivre, Antoine 23
Fichte, Johann Gottlieb 14, 56, 64f.

Goethe, Johann Wolfgang 20, 35, 56
Greenspan, Stanley I. 107, 114

Hades 88f.
Haeckel, Ernst 108
Halbwachs, Maurice 25f.
Hegel, Georg Wilhelm Friedrich 56, 174
Heraklit 36, 51
Herder, Johann Gottfried 56
Hesiod 125

Hölderlin, Friedrich 104f.
Homer 12, 77, 100, 106, 122ff., 140, 143, 146f., 150, 152f.

Jacobi, Heinrich 56
Jahwe 22
Jesus *siehe* Christus
Joachim von Fiore 56
Johannes (Evangelist) 50, 59f., 69ff., 191
Jung, Carl Gustav 23

Kerényi, Karl 90f., 95
Kierkegaard, Søren 56
Kritias 124ff., 131, 133, 135f., 138, 140f., 143

Latacz, Joachim 146
Lazarus 60, 67, 69ff., 191
Leibniz, Gottfried Wilhelm 54
Lessing, Gotthold Ephraim 12, 33, 35, 37, 39f., 54ff., 62, 69, 171, 185, 187
Lindenberg, Christoph 53
Lukas (Evangelist) 50

Markowitsch, Hans J. 114, 118, 120
Mnemosyne 143, 145, 147, 149f., 195
Moses 24, 48, 50, 95f.
Musen 143, 147, 149

Neith 126, 136
Nelson, Katherine 118f.
Nora, Pierre 25

Odysseus 77, 92, 150ff., 195
Oikumene 147f.

Persephone 69, 88ff.
Phaidros 100f., 103, 106, 135, 138f.
Philo von Alexandrien 57
Platon 12f., 17, 20, 51f., 61, 100, 103, 105f., 122ff., 133ff., 138ff., 152, 165, 174, 194f.

Rembrandt, Harmenszoon van Rijn 152f.

Sacks, Oliver 29
Schelling, Friedrich Wilhelm Joseph 56, 194
Schiller, Friedrich 56
Scholem, Gershom 22
Scott-Elliot, William 21
Shanker, Stuart G. 107, 114
Sinnett, Alfred Percy 21
Sokrates 101ff., 124f., 131f.
Solon 124ff., 131, 133, 136f., 140

Spinoza, Baruch de 14, 56
Stein, Charlotte von Stein 35
Steiner, Rudolf passim
Stern, Daniel 114f.
Stuckrad, Kocku von 22f.

Thamus 102f.
Theuth *siehe* Thot
Thot 22, 101, 103, 123
Timaios 107, 124, 134f., 139, 141f.

Welzer, Harald 114, 118, 120
Widenmann, Gustav 36
Wieland, Christoph Martin 35

Yates, Frances A. 23

Zander, Helmut 29, 187
Zeus 88f., 92, 147, 149

Bildnachweis

Franck Camhi/iStockphoto (S. 101);
Picture Alliance (S. 110, 111, 112)